KB118454

이상한 나라의 뇌과학

Brain Science Adventures
in Wonderland

—

이상한 나라의 뇌과학

김대식 지음

문학동네

Brain Science Adventures

차 례

in Wonderland

✕

Part 02 생각수술

Brain Science Adventures

✕

Part 03 불통과 소통

in Wonderland

✕

Part 04 IT 시대의 겸손

무엇이 문제일까

—

화성에 착륙한 탐사선을 2억 킬로미터나 떨어진 지구에서 자유자재로 조종하고, 우주망원경을 통해 우주의 기원과 존재의 비밀을 밝혀낸다. 버튼 하나를 눌러서 지구 반대편에 있는 가게의 물건을 '직구'하며, 보이지 않는 방사선을 이용해 몸안의 암세포를 제거한다.

2015년, 인류가 만들어낸 '과학과 기술의 결과물들'이다.

추락한 전투기에서 생포한 조종사를 산 채로 불태워 죽이고, 돌아가는 카메라 앞에서 민간인 인질을 참수한다. 단지 피부색이 다르다는 이유로 학살당하고, 이성이 아니라 동성을 사랑한다는 이유 하나로 차별받는다. 한 나라에서는 남아도는 식량을 어떻게 처분해야 할지 고민하고, 다른 한 나라에서는 식량 부족으로 어린아이들이 굶어죽는다.

2015년, 인류가 만들어낸 '정치와 사회의 결과물들'이다.

무엇이 문제일까?

세상에서 가장 똑똑하고 창의적인 과학자, 공학자, 예술가가 대통령, 총리, 왕이 된다면 이런 문제들이 해결될 수 있을까? 플라톤이 주장했듯 가장 이상적인 사회는 가장 뛰어난 철학자가 정권을 잡는 세상일까?

답은 "글쎄요"다. 시리아의 독재자 바샤르 알 아사드 대통령은 유명 안과의사 출신이고, 히틀러는 화가였다. 로마 제국 최고의 지성이었던 마르쿠스 아우렐리우스 황제는 또 어떤가. 그는 능력 위주로 후계자를 선발했던 선대 황제들과 달리, 무능력한 아들 콤모두스에게 제국을 물려줬다. 그 결과, 로마는 쇠망의 길을 걷고 말았다.

그렇다. 문제의 핵심은 우리 인간이다. 과학자, 공학자, 예술가, 종교인, 정치인, 사업가, 혁명가는 모두 인간이며, 우리의 본능이 정치적·경제적·사회적 선택을 좌우하는 순간 문제가 발생한다. 결국 과학기술의 성공은 '과학기술을 하는 사람들의 성공'이 아니라 인간의 본능과 편견이 결정적 선택을 좌우할 수 없도록 유도하는 '과학기술 방법론의 성공'이라고 할 수 있다.

(왼쪽 위부터 시계방향으로) 히틀러, 바샤르 알 아사드, 콤모두스,
마르쿠스 아우렐리우스

그렇다면 정치, 사회에도 과학기술 방법론을 도입하면 어떨까?

상호관계와 인과관계를 혼동해선 안 된다는 점, 동일한 조건 아래 반복된 관찰을 통해 검증된 결과만 받아들여야 한다는 점, 멋지게 포장된 말보다는 사실, 그리고 사실들의 논리적 연결이 더 중요하다는 점 등을 정치, 사회에 대입한다면 어떨까 하는 것이다.

정치가 과학기술에서 배웠으면 하는 또하나가 있다. 바로 이 세상모든 일에 반드시 특정 원인이 존재할 필요는 없다는 점이다. 헤겔이나 마르크스 철학을 믿는다면 '역사는 논리적이며 거시적 목표를 가지고 있다'고 생각해볼 수 있지만, 과학적으로는 아무런 근거가 없는 주장일 뿐이다. 생각해보자. 왜 중국이나 오스만 제국이 아닌 서유럽이 세상을 지배하게 되었을까? 왜 2000년 미국 대선에서 앨 고어가 아니라 조지 부시가 당선된 것일까? 매일 오르락내리락하는 주식과 환율지표는 매번 뚜렷한 이유가 있는 것일까? 만약 그렇다면 우리가 하루 전에 그 이유를 파악할 수 없는 이유는 무엇일까?

물론 사회, 경제, 역사를 좌우하는 거시적 흐름은 존재한다. 하지만 동시에 아무 이유 없는 랜덤 현상도 존재한다. 통계학에서 자주 사용되는 선형회귀분석linear regression analysis을 생각해보자. 관찰된 데이터를 가장 잘 설명할 수 있는 방법 중 하나는, 측정된 데이터 점點들을 잘 표현할 수 있는 선형線形 관계식을 구하는 것이다. 하지만 이럴 경우 랜덤 오차 때문에 많은 점이 주어진 선 밖에 위치하게 된다. 모든 점을 직접 연결해버리면 과거 데이터는 100퍼센트 설명할 수 있겠지만 미래 예측은 어려워진다. 과도한 과거 해석을 위해 미래 예측과 미래 설계능력을 포기하게 되는 이런 상황을 '과적합화 overfitting'라고 부른다.

결국 과학기술이 대한민국 사회와 정치에 줄 수 있는 메시지는 이렇다. 과거와 현재를 '과적합화'하는 순간, 우리는 대한민국의 미래를 좌우할 거시적 문제가 아닌 의미 없는 랜덤 오차로 모든 사회적 에너지를 낭비하게 되는 것이다.

이 책은 뇌과학자, 정확히 말하면 뇌과학자인 내가 바라본 사람과 세상에 대한 이야기이다. '지금 세상이 어떻게 돌아가고 있는 걸까?' '요즘 사람들은 무슨 생각을 하고 사는 걸까?' '도대체 왜 그렇게 행동하는 걸까?' 같은 질문들에 대한 뇌과학적 고민이기도 하고, 우리가 함께 생각해봐야 할 문제들에 대해 내가 던지는 질문이기도 하다. 그냥 '이상한 나라'에 사는 '이상한 뇌과학자'의 '이상한 이야기'라고 해도 좋겠다. 본격적으로 이야기를 시작하기 전에 한 가지 질문을 던져보자.

과연 뇌과학자가 바라본 사람과 세상은 당신이 본 것과 다를까, 아니면 같을까? 이제부터 확인해보시길.

2015년 6월

김대식

Part 01

남과 다를 수 있는 권리

01

—

드레스
색깔 논란

세계적인 명문 옥스퍼드 대학과 케임브리지 대학 출신으로 구성된 영국 최고의 코미디그룹 '몬티 파이선'. 깊이 있는 철학과 유치한 몸개그, 아나키즘과 초현실주의, 신랄한 풍자와 휴머니즘이란 서로 어울릴 것 같지 않은 키워드들을 잘 조합한 그들의 쇼 〈몬티 파이선의 플라잉 서커스〉는 영국 BBC에서 1969년부터 1974년까지 인기리에 방영됐다.

방송이 종영된 지 40년이나 지났지만 그 인기는 여전하다. 요즘 잘나가는 컴퓨터 코딩 언어 '파이선python'은 '몬티 파이선'에서 따온 이름이다. 이 언어를 개발한 네덜란드 프로그래머 귀도 반 로섬은 이 프로그램의 애청자였다고 한다.

몬티 파이선은 TV 프로그램뿐 아니라 직접 연출, 제작, 출연한 영화들로도 유명하다. 대표작으로 예수님 옆집에서 태어난 좀도둑 '브라이언'의 인생을 그린 1979년 작인 〈라이프 오브 브라이언〉을 들 수 있다. 기독교의 모순을 풍자한 이 영화는 십자가에 매달린 아이들이 부른 노래 〈언제나 인생의 아름다운 면만 바라보자Always look on the bright side of life〉로도 잘 알려져 있다. 그런가 하면 1983년 작 〈몬티 파이선─삶의 의미〉는 우연과 유치함, 그리고 무의미한 걱정으로 가득한 인간의 삶을 그려낸 작품이다.

〈라이프 오브 브라이언〉에 배우로 출연하고 〈몬티 파이선─삶의 의미〉의 연출을 맡았던 테리 길리엄 감독은 1985년 작 〈브라질〉에서 코미디 방식으로 디스토피아를 그렸다. 영화가 제작된 시기에 맞게 〈브라질〉은 조지 오웰의 『1984』를 풍자한다(제목 후보 중 하나도 〈1984 ½〉이었다). 아니, 어쩌면 오웰의 『1984』와 올더스 헉슬리의 『멋진 신세계』의 융합 버전이라고 할 수 있다. 『1984』는 몸의 통제를 통해 마음을 컨트롤하려는 나라를, 『멋진 신세계』는 마음을 유혹해 우리 몸을 제어하려는 나라를 소개한다. 하지만 영화 〈브라질〉의 독재는 인간의 마음과 몸을 송두리째 장악하려는 '백화점식 전체주의'에 가깝다.

〈브라질〉에는 이미 성형수술을 너무 많이한 탓에 생긴 '부작용에

〈브라질〉의 포스터. 영화 속 독재는 인간의 마음과
몸을 송두리째 장악하려는 '백화점식 전체주의'에 가깝다

대한 부작용'을 제거하려고 또다시 성형수술을 시도하는 부자 어머니를 둔 주인공이 등장한다. 그는 거대한 정보국 산하에서 서기로 일하는 평범한 소시민이다. 그러던 어느 날, 주인공은 반反정부운동을 하는 아름다운 여인 때문에 혁명가로 몰려(모든 혁명은 사랑에서 시작되지 않았던가!) 보안국의 표적이 되어 쫓기다가 결국 붙잡힌다.

잔혹한 고문이 막 시작되려는 찰나, 감옥에 진입한 게릴라 요원들에 의해 구출된 주인공은 사랑하는 여인과 함께 독재 국가를 탈출하는 데 성공한다……라고 믿는 순간, 이 모든 것은 잔인한 고문으로 인해 미쳐버린 주인공의 뇌가 만들어낸 허상이란 사실이 밝혀진다. 하지만 영화는 이 역시 갑갑한 직장의 '미생'으로 살아야 하는 주인공의 꿈이지 않을까 하는 생각이 들게 한다.

영국의 아서 왕과 원탁의 기사들이 거주한다는 카멜롯으로 흐르는 강 한가운데 우뚝 서 있는 작은 성, 그리고 이 낡은 성에 홀로 살고 있는 샬롯 공주. 무슨 이유 때문일까? 아름다운 공주는 성을 떠날 수도 없고 창밖을 봐서도 안 된다. 봄에 씨를 뿌리는 농부들, 아름다운 여름밤의 하늘, 점점 붉어져가는 가을 낙엽들, 첫눈 때문에 차가워진 서로의 손을 녹여주며 사랑을 약속하는 연인들…… 이 모든 풍경을 공주는 작은 거울에 반사된 모습으로만 바라볼 수 있다. 오른손이 왼쪽, 왼쪽 가슴이 오른쪽, 공주는 낡은 베틀로 언제나 정반대로만 보이는 그림들을 베로 짜야만 했다. 하지만 거울에 비친

존 워터하우스의 1888년 작 〈샬롯의 여인〉

연인은 연인이 아니고 거울에 비친 가을은 가을이 아니다. 거울에
비친 여름은 향기롭지 않으며 거울에 비친 봄은 아무 희망이 없다.

그러던 어느 날, 거울에 비친 호수의 기사 랜슬롯을 본 샬롯 공
주. 외로움 때문이었을까? 아니면 진정한 사랑? 그녀는 결심한다.
그의 얼굴을 '똑바로' 보고 말겠다고. 자신의 운명이었던 베틀을 밀
어내고 공주는 뒤돌아선다. 천천히, 조심스럽게. 저주에 걸린 자신
의 처지를 알지만 그래도 그 남자의 얼굴을 보고 싶었던 것이다. 거

울에 비친 '가짜 세상'이 아닌 내 눈, 내 가슴, 내 마음으로 보는 '진짜 세상'을 말이다.

눈을 통해 직접 본 세상은 아름다웠다. 하지만 아름다운 것은 언제나 일시적이어야 하는 걸까? 세상의 아름다움을 눈으로 확인한 공주는 자아도, 의식도 없는 인형 같은 상태가 되어 보트에 올라탄다. 그리고 이미 이 세상의 존재가 아닌 여인의 몸을 실은 보트는 카멜롯을 향한다. 떠내려온 보트에서 발견된 아름다운 여인의 얼굴을 바라본 랜슬롯은 질문한다.

"이 아름다운 여인은 누구일까? 감긴 눈은 무엇을 보며 살았을까? 여인은 왜 이 작은 배를 타게 됐을까?"

한국에서 너무나 먼 독일 땅에 간 한 소년이 있었다. 말이 통하지 않는 나라, 시골 학교엔 한국인 학생은 물론이고 다른 외국인 학생조차 없었다. 막연히 독일인이라고만 생각했던 사람들 중 프랑스인, 영국인, 터키인도 있었다는 사실을 알고 놀란 것은 좀더 지난 뒤의 일이다. 수업이 있어야 할 토요일에 등교했다가 수위 아저씨가 손짓발짓으로 설명해줘 집에 되돌아온 적도 있었다. 몇몇 아이들은 중국인이라고 놀리며 소년을 향해 돌을 던지기도 했다.

하지만 얼마 지나지 않아 아이들과 함께 어울리며 친해졌고 과거는 잊었다. 미래는 아름다워 보였고 소년은 자신의 미래가 당연히 독일에 있다고 믿기 시작했다. 소년은 칸트, 가우스, 바흐, 마르

독일 땅에 간 한국 소년은 '타인의 역사'를 '자신의 역사'로 받아들이기 시작했다

크스를 숭배했다. 친구 집에서 만난 자상한 할아버지들이 과거 유대인 아이들을 산 채로 불태웠던 나치 군인들이었다는 사실은 나중에서야 알게 되었다. '타인의 역사'가 '자신의 역사'가 됐기에 소년은 타인의 죄를 갚을 준비가 돼 있었다. 그리고 생각했다. 자신은 이 세상 사람일 리 없다고. 자신은 분명 외계인이라고. 외계인 부모가 은하계 최악의 흑성인 지구에 자신을 던져놓고 떠난 거라고. 열여덟 살이 되면 분명 자신을 데리러 올 거라고. 물론 열여덟 살 생일에도 스물여덟 살 생일에도 서른여덟 살 생일에도 그의 희망은 실현되지 않았다. 소년은 청년이, 그리고 청년은 아저씨가 됐지만 그는 여전히 지구란 작은 세상을 떠나지 못하고 있다.

혹독한 고문 탓에 고장나버린 뇌의 망상으로 가득한 〈브라질〉 속 주인공의 세상, 거울에 비친 세상이 아니라 망막에 비친 세상만이 참되다고 생각한 공주의 세상, 자신은 외계인이라고 상상한 소년의 세상…… 인간 세상의 다양함은 무한하다. 경험·교육·환경·음식·상상·꿈·사랑·희망·좌절·죽음 같은 것들이 우리의 뇌를 바꿔놓을 수 있고, 우리의 세상 역시 바꿔놓는다. 문제는 각기 다른 뇌를 가진, 즉 각기 다른 세상을 사는 우리가 모두 '같은 세상'을 산다고 착각하는 데서 벌어진다. 왜 이런 착각을 하는 걸까?

얼마 전, 원피스 한 벌의 색깔이 논란을 불러일으키며 인터넷을 뜨겁게 달구었다. 같은 원피스를 두고 사람에 따라 그 색을 다르게 인지했기 때문이다. 뇌과학을 전공하는 나 역시 처음 사진을 봤을 땐 갸우뚱했다.

'아니, 평범한 검정, 파랑 줄무늬 원피스를 두고 왜들 이렇게 난리인 거지?'

그런데 이게 웬일인가! 연구실 학생들 눈에는 그 드레스가 '금색, 하얀색'으로 보인다는 게 아닌가! 인터넷 설문조사에 따르면 해당 드레스를 본 사람들 중 약 60퍼센트는 '금색, 하얀색'으로 인식한 반면, 40퍼센트 정도는 '검은색, 파란색'으로 인식했다고 한다.

왜 이런 일이 벌어지는 걸까?

문제의 원인은 간단하다. 뇌가 머리 안에 있기 때문이다. 뇌가 머리 안에 있다니? 지극히 당연한 이야기 아닌가? 그렇다. 하지만 다시 한번 생각해보자. 뇌는 1.5킬로그램짜리 고깃덩어리이고, 그 고깃덩어리는 두개골이라는 컴컴한 '감옥' 안에 갇혀 있다. 뇌는 현실을 직접 체험할 수 없다. 한여름의 파란 하늘도, 바흐의 〈골드베르크 변주곡〉도, 사랑하는 여인의 부드러운 입술도 직접 경험할 수 없다는 말이다. 아무리 뇌를 해부하고 현미경으로 관찰해봐야 우리에게 친근한 영상, 소리, 기억, 아름다움은 찾아볼 수 없다. 뇌는 단지

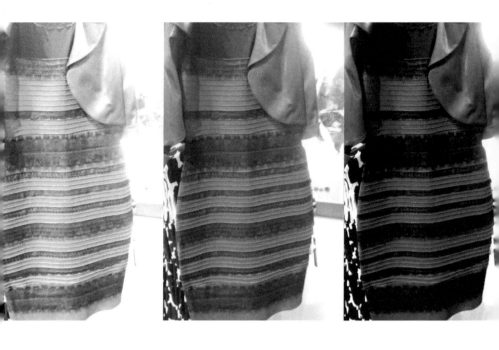

10^{11}개의 신경세포들로 만들어진 고깃덩어리일 뿐이다.

플라톤은 인간을 어두운 동굴 안에 갇혀 사는 죄인들과 비교한 바 있다. 세상을 직접 경험할 수 없는 이들은 동굴 입구의 작은 구멍을 통해 비치는 그림자들을 현실로 착각해 다양한 가설들을 만들어 낼 뿐이라는 것이다. 뇌도 비슷하다. 뇌는 눈, 코, 귀 같은 센서를 통해 전달되는 정보를 바탕으로 사물과 세상에 대한 추론을 만들어낸다. 그렇다면 뇌가 현실을 있는 그대로 인식하기 위해서는 완벽한 눈, 코, 귀가 필요하겠다. 문제는 바로 여기서 발생한다. 인간이 가진 눈, 코, 귀는 공학적으로는 실패작에 가깝다는 사실이다.

세상은 (적어도) 3차원 공간과 1차원 시간으로 형성되어 있다. 하지만 진화적으로 이미 오래전에 만들어진 후각과 촉각은 시공간적 해상도가 낮다. 세상을 제대로 알아볼 수 없다는 뜻이다. 청각은 시간적 변화에는 예민하지만 공간적 인식능력은 뒤떨어진다.

대부분의 영장류와 마찬가지로 인간에게 시각은 매우 중요하다. 뇌의 영역 중 적어도 25~30개가 시각정보를 처리하고, 뇌 전체 영역의 3분의 1 정도가 '보는' 데 사용된다. 그만큼 인간은 '보는 동물'이다. 그렇기에 키케로는 "눈은 마음의 창문"이라고 하지 않았던가. 하지만 안타깝게도 눈은 마음의 창문이라고 하기에는 부족한 점이 무척 많다.

우선 근본적인 구조 자체가 잘못되어 있다. 빛은 렌즈를 통해 망막에 닿는데, 빛을 감지하는 특수 세포들은 희한하게도 빛이 들어오는 방향이 아닌 망막 후반부에 자리한다. 망막 안에는 다양한 세포들과 혈관들이 있어, 바깥세상에서 들어오는 영상들엔 어쩔 수 없이 그림자들이 생긴다. 하지만 우리 눈에 보이는 세상엔 그런 그림자들이 존재하지 않는다. 왜 그런 걸까? 뇌는 눈을 통해 들어오는 영상들의 절댓값이 아닌 시간적 차이를 분석하기 때문이다. 대부분의 외부 물체는 움직이기에 시간적 변화가 있지만 눈 내부의 세포와 혈관은 변하지 않는다. 이에 뇌는 '변하지 않는 것들은 사실 존재하지 않는다'라는 알고리즘 하나만으로 망막에 존재하는 수많은 그림자들을 깔끔하게 제거한다.

여기서 잠깐! 외부 세상엔 바위나 나무처럼 움직이지 않는 물체 역시 존재하지 않는가? 움직이지 않지만 존재하는 물체를 인식하기 위해 눈은 잠시도 가만히 있지 않는다. 우리도 모르게 눈은 항상 움직이고 있는 것이다. 덕분에 망막에 닿는 외부 물체들은 망막 내부에서 생기는 그림자들과는 달리 수시로 변한다.

빛을 감지하는 세포들이 망막 후반부에 자리잡고 있다보니 또다른 공학적 문제가 발생한다. 감지된 정보를 뇌에 전달할 뚜렷한 방법이 없다는 점이다. 결국 망막에서 나오는 시신경들은 다시 망막의 한 부분을 파고서 뇌로 전달된다. 이렇게 파인 망막의 한 부분에선 빛이 감지될 수 없으며, '맹점blind spot'이라고 불리는 커다란 시야 한 부분엔 사실 아무것도 보이지 않는다. 하지만 우리에게 보이는 세상엔 그런 '블랙홀'이 존재하지 않는다. 이것 역시 뇌의 역할 덕분이다. 뇌는 시야에 보이는 블랙홀이 외부 세상엔 존재하지 않는다는 사실을 안다. 그래서 맹점 주변의 배경들을 복사해 블랙홀을 채워버리는 것이다.

눈은 마음의 창문이 아니다. 직접 보고 듣는 그 자체만으로 얻을 수 있는 정보가 한정적이기에, 우리가 지각하는 세상엔 언제나 뇌의 수많은 과거 경험과 미래 희망과 현재 가설이 포함되어 있다. 즉 지금 우리 눈에 보이는 세상은 '인풋'이 아니라 뇌의 해석을 이미 거친 '아웃풋'이다.

뇌는 '변하지 않는 것들은 존재하지 않는다'라는 알고리즘 하나만으로
망막에 존재하는 수많은 그림자들을 깔끔하게 제거한다

'언어의 해상도'는 '인식의 해상도'보다 낮다

이 세상 어느 사람의 뇌도 100퍼센트 동일하지 않다. 일란성 쌍둥이마저도 말이다. 결국 서로 다른 회로망을 가진 뇌는 각기 다른 아웃풋을 만들어낼 수밖에 없다. 우리는 각기 다른 세상을 보고 있다는 뜻이다. 우리만이 아니다. 개구리는 모든 물체를 움직이는 것과 움직이지 않는 것으로만 구별한다. 박쥐는 초음파로 세상을 인식한다. 그렇다면 우리는 왜 모두 '같은 것'을 보며 '같은 세상'을 산다고 생각하는 것일까?

바로 언어의 한계 때문이다. 눈에 보이는 세상을 타인에게 있는 그대로, 보이기 전 그 상태대로 전달할 순 없다. '인식된' 세상은 이미 나란 존재의 한 부분이다. 아니, 나란 존재 자체가 인식된 세상들의 합집합일 수도 있다. 서로가 다른 세상을 인식하는 우리가 서로를 이해하기 위해선 언제나 언어라는 도구를 사용해야 한다. 하지만 청각 그리고 소리를 기반으로 한 언어는, 현실을 인식하기 위해서가 아니라 세상을 제어하기 위해 만들어진 도구다. 생각해보자. TV 리모컨을 통해 몇 가지 기능을 실행할 수는 있지만 내가 원하는 바를 모두 구현할 수는 없다. 마찬가지로 언어라는 도구만으로 세상을 모두 표현하기는 어려워 보인다. 즉 '언어의 해상도'가 '인식의 해상도'보다 낮기에, 서로 다르게 보는 세상을 동일한 단어로 표현하게 되는 것이다.

독일 철학자 라이프니츠의 말대로 우리는 어쩌면 서로 소통할 수도 알아볼 수도 공감할 수도 없는 '나'란 자아들에 갇힌, 우주에서 가장 외로운 존재들일 수도 있다. 고대 그리스의 철학자 파르메니데스는 3000년 전 우주의 본질에 대해 "하나일까 아니면 여러 개일까?"라는 질문을 던졌다. 언어라는 불완전한 도구를 사용하기 시작한 순간, 인간은 무한으로 다양한 세상을 단 하나라고 착각하기 시작했는지도 모른다.

결국 이번 '드레스 사건'의 핵심은 바로 이거다.

같은 드레스가 다르게 보이는 것이 신기한 게 아니라, 서로 다르게 보는 세상을 같다고 착각하며 살아가는 우리가 신기할 뿐이다.

'같은' 드레스가 '다르게' 보이는 것이 신기한 게 아니라,
서로 '다르게' 보는 세상을 '같다고' 착각하며
살아가는 우리가 신기할 뿐이다.

02

—

행복의 가격

in Wonderland

—

수백 년간 주변 국가들의 반복된 침략에 시달리다 1991년 드디어
독립한 아르메니아, 아프리카 중서부의 작은 나라 가봉, 이스라엘과
전쟁중인 팔레스타인 자치정부, 그리고 유라시아 끝 한반도에 자리
잡은 대한민국.

지리적으로나 문화적으로나 여러모로 매우 다른 듯한 네 나라 사
이엔 한 가지 공통점이 있다. 바로 창피할 정도로 낮은 수준의 '국민
행복지수Gross National Happiness, GNH'다. 여론조사 업체 갤럽이 얼마 전
소개한 자료에 따르면 대한민국, 팔레스타인 자치정부, 가봉, 아르

메니아의 국민행복지수는 59점(100점 만점)으로 조사 대상 143개 국 중 공동 118위를 차지했다. 참고로 10년 넘게 내전중인 이라크 가 60점, 지구 최빈국 중 하나인 아이티가 61점, 국가 부도 상태인 그리스가 67점을 받았다.

대기업 입사, 명품 백, 그리고 행복

우선 개인의 행복지수를 객관적으로 측정할 수 있을까, 라는 의 문이 들 수 있겠다. 하지만 조사 대상 국가 모두 동일한 방법 또는 통계학적으로 비슷한 방법을 사용했다면, 적어도 각 나라 사람들이 느끼는 행복지수의 상대적 차이는 측정할 수 있다. 더구나 이번 결 과의 핵심은 국민 개개인이 느끼는 주관적 행복지수였다. 그렇다면 본인만 느끼는 행복지수를 통해 한 나라의 행복지수를 측정할 수 있 을까? 답은 "물론 그렇다"이다. 모든 행복은 어차피 주관적이다. 불 행한 억만장자와 행복한 거지, 행복한 돼지와 불행한 소크라테스, 이 모든 게 가능한 것이 인간의 행복이니 말이다.

그렇다면 오늘날 한국인 스스로 느끼는 불행의 원인은 무엇일까? 경기 침체, 세월호, 빈부 격차, 구조조정, 점차 소형화되는 북핵…… 이런 실질적 이유도 물론 존재한다.

하지만 우리가 행복하지 못한 가장 큰 이유는, 행복이 무엇인

제임스 엔소르의 〈가면에 둘러싸인 엔소르〉.
우리는 다른 '나'들에 둘러싸여 정작 '나'를 잃어버리곤 한다

지 한 번도 배워보지 못해서일 수도 있다. 기말고사 점수가 잘 나올 때의 즐거움, 명품 백을 살 때의 기쁨, 대기업에 입사할 때의 자부심…… 이것들은 '행복한 순간들'이지 '행복 그 자체'는 아니다. 순간의 행복은 영원할 수 없기에 다시 사라진다. 그렇다면 사라지지 않는 진정한 행복은 무엇일까? 나 자신과의 끝없는 대화에서만 얻을 수 있는, 나라는 존재에 대한 너그러움이 아닐까.

국가와 사회가 '행복한 삶'을 정의하는 순간…

얼마 전, 학회 참석을 위해 유럽에 갔다가 흥미로운 발견을 했다. 공해 없는 파란 하늘과 따뜻한 햇살, 자동차가 없는 도로, 아이들과 여유롭게 산책을 즐기는 부부, 그리고 그들을 바라보는 나. 비싼 물건을 사지 않아도, 큰 차를 타지 않아도, 돈 한 푼 들이지 않고 정말 행복한 오후를 보낼 수 있었다.

모든 사람은 행복하길 원한다. 미국 독립선언문에선 행복의 추구를 '삶, 자유와 더불어 이유가 불필요한 인간의 자명한 권리'라고까지 주장했다. 최근 연구에 따르면 행복은 50퍼센트가 유전, 10퍼센트는 환경, 40퍼센트는 자신의 의지에 따라 결정된다고 한다. 비슷한 조건하에서 행복한 사람은 불행한 사람보다 덜 아프고 더 오래 산다. 행복이 그만큼 중요하다는 말이다. 그런데 여기서 질문이 생긴다.

칸트(좌)와 룩셈부르크(우)

만약 '나의 행복'이 '타인의 불행'의 원인이 된다면?

독일 철학자 칸트는 "내 자유는 타인의 자유가 시작되는 지점에서 끝난다"고 했고, 폴란드 출신 정치이론가 로자 룩셈부르크는 "자유란 언제나 나와 다르게 생각하는 사람의 자유다"라고 했다. 그렇다면 진정한 행복 역시 '타인의 불행을 최소화한다는 조건 아래 최대화할 수 있는 나의 행복'이라고 정의할 수 있다.

그런데 여기서 한 가지 유의할 사실이 있다. 프롤레타리아 독재를 국민의 임무로 삼았던 공산주의 국가들, 모든 이가 신의 의지에 따라 살아야 한다고 믿었던 중세 유럽의 봉건 지배층과 오늘날 이슬람 테러 단체들…… 우리가 역사에서 얻을 수 있는 큰 교훈 중 하나

쥘 바스티앵르파주의 〈건초 만드는 사람들〉

는, 아무리 좋은 의도로 시작한대도 국가와 사회가 '행복한 삶'을 정의하는 순간, 대부분의 국민은 불행해지며 끝난다는 것이다.

결국 행복 그 자체를 찾는 것은 타인에게 절대 '아웃소싱'해서는 안 될 개인의 숙제다. 그렇다면 국가는 '레세페르laissez-faire, 자유방임주의'식으로 손놓고 있어도 된다는 말일까? 물론 아니다. 국가 역시 아웃소싱해서는 안 되는 어려운 사명을 가지고 있다. 바로 모든 국민이 자신이 원하는 행복을 추구할 수 있도록, 가장 공정하고 비용이 적게 드는 행복의 조건을 만들어주어야 한다는 것이다.

비효율적인 바쁨 vs 현명한 게으름

영국 철학자 버트런드 러셀은 『게으름에 대한 찬양』이라는 책으로 유명하다. 게으름을 찬양한다니? "노세, 노세 젊어서 놀아"라는 노래만 들어도 알레르기 반응을 보이고, '빨리, 빨리' 문화에 적응된 우리로서는 '말도 안 된다'고 생각될 수 있는 주장이다.

우리뿐만이 아니다. 러셀의 고향인 영국은 18, 19세기 전 세계를 지배하며 '기독교 노동 윤리'를 가장 찬양하던 나라가 아니던가? 1769년 영국의 리처드 아크라이트는 수력을 이용한 방적기를 발명한다. 스코틀랜드의 제임스 와트는 1778년 증기기관을 혁신적으로 개선하는 데 성공하고, 18세기 말 영국 기업들은 제철 대량생산에 필요한 기술들을 습득한다. 유럽과 미국을 지구의 '슈퍼 갑'으로 만들어준 산업혁명의 시작이었다.

그런데 왜 하필이면 서양에서 산업혁명이 일어난 것일까? 니얼 퍼거슨 하버드대 교수는 치열한 경쟁, 과학, 법치주의, 의학, 컨슈머리즘, 근로윤리 등 여섯 가지 조건을 서양만 모두 가졌기 때문이라고 주장한다. 제레드 다이아몬드 UCLA 교수는 서양 성공사의 비밀을 조금 더 마키아벨리적인 '총'과 '균'과 '쇠'에서 찾으려 한다. 이언 모리스 스탠퍼드대 교수는 문화도 전통도 종교도 아닌 유럽 특유의 지형이 서양의 세계 정복을 가능하게 했다고 생각하는 반면, 역사학자 줄리어스 노르치와 데이비드 아불라피아는 '지중해'라는 지형적 특성이야말로 서양 문화의 세계 주도를 가능하게 했다고 주장한다. 하지만 이 모두 서양에서 산업혁명이 시작되었다는 역사적 사실을 배경으로 먼 훗날 만들어진 가설들에 불과하다.

왜 하필이면 서양에서 산업혁명이 시작됐는지 완벽한 설명은 불가능하다. 하지만 우리는 적어도 왜 한반도에서 산업혁명이 일어나지 않았는지는 잘 안다. 한편에서 증기기관이 만들어지고 철이 대량생산될 때 우리는 상감마마의 변 상태를 걱정했고 무의미한 당파싸움을 하고 있었다. 내 편이 아니기에 밉고, 밉기에 온 가족이 죽어야 하는, 뭐 그런 무의미한 싸움을 하느라고 세상이 어떻게 변하는지 몰랐던 것이다. 산업혁명이 시작된 지 100년이 지난 19세기 말에도 우리는 여전히 서로 싸움질을 하고 있었기에, 우연히 더 먼저 세상

윌리엄 벨 스콧의 〈철과 석탄〉.
산업혁명의 중심에 철과 석탄이 있었음을 알 수 있다

의 흐름을 이해한 나라들의 지배를 받기 시작했다. 19세기 말에서 20세기 중반까지 우리는 세계 최고의 '을'이었으며, 우리의 역사는 슬픔과 굴욕과 치욕의 끝없는 반복이었다.

남들보다 200년 늦게 산업혁명을 시작했고, 남들이 200년 걸려 만든 것을 30~40년 만에 달성하기 위해 너무나도 큰 대가를 치러야만 했다. 무슨 대가였느냐고? OECD 국가 중 자살률 1위에 행복지수 최하위권이 그 결과다. 137억 년이라는 긴 우주의 역사 중 겨우 70~80년 동안만 살 수 있는 단 한 번의 인생이다. 그런 소중한 인생을 우리는 송두리째 투자했다. 개개인의 행복을 '상납'해 이제야 겨우 제1차 산업혁명을 이루었다는 말이다.

피곤하고, 무기력하고, 우울하고, 웃음이 없다. 2015년 대한민국의 모습이다. 쉬고 싶고, 어딘가로 탈출하고 싶다. 남들보다 200년 늦게 출발해 죽도록 달렸으니 이제 쉬고 싶은 것은 너무나도 당연하다. 아니, 이제 쉬고 즐기는 것이 사실 정답이다. 하지만 역사에 '정답'이란 무의미하다. 세상은 정도, 자비도 없으며 "봐준다"라는 단어는 존재하지 않는다. 우리는 이제야 첫 게임을 끝냈지만 세상은 이미 인공지능 기술을 기반으로 또다시 새로운 산업혁명을 시작하고 있다. 우리는 겨우 도착했는데 다들 또다시 떠나고 있는 것이다.

쉬고 싶지만 다시 한번 뛰어야 하고, 놀고 싶지만 또 한번 공부해야 한다. 왜 그래야 할까? 우리 조상의 '비효율적인 바쁨', 즉 시대의 흐름과 상관없는 일에 힘을 쏟았다는 오류가 한반도 200년 불행의 시작이었던 것같이, 2015년 우리가 인공지능 기반의 제2차 산업혁명을 인식하고 준비하지 못한다면 다시 한번 긴 비극의 역사가 시작될 수 있기 때문이다.

4단 수동 변속기를 단 자동차를 상상해보자. 만약 변속기 레버를 '중립'에 놓고 무조건 액셀러레이터를 밟는다면? 엔진은 헛돌고 뜨거워지기만 한다. 소리만 요란하게 나면서 휘발유만 낭비할 뿐이다. 차를 '운전하는' 운전자는 바쁘게 무언가 조종했다고 느끼겠지만, 막상 차는 조금도 움직이지 않는다. 다시 말해 러셀이 찬양하는 '게으름'은 꼭 해야 할 일을 미루는 게으름이 아니다. 필요 없는 일을 생략하는, 무조건 액셀러레이터만 밟아대는 비효율적인 바쁨을 피해가는 현명한 게으름이 필요하다는 것이다.

불행한 억만장자와 행복한 거지,
행복한 돼지와 불행한 소크라테스,
이 모든 게 가능한 것이 인간의 행복이다.

Brain Science Adventures

03

—

남과 다를 수
있는 권리
VS
남을 통제하고
싶은 본능

—

제2차 세계대전 당시 독일군의 '에니그마Enigma' 암호 판독에 결정적 역할을 했던 영국 수학자 앨런 튜링. 그의 삶을 그린 영화 〈이미테이션 게임〉이 2015년 초 국내에서 큰 인기를 얻었다. 덩달아 튜링의 삶에 관한 관심도 높아졌다. 왜 갑자기 튜링일까?

물론 튜링의 업적은 대단하다. 에니그마 암호 해독 외에도 현대 컴퓨터의 이론적 모델인 '튜링기계Turing machine'를 제시했고, 인공지능의 가능성을 논의했으며, 생물학적 패턴을 수학적으로 분석하기도 했으니 말이다.

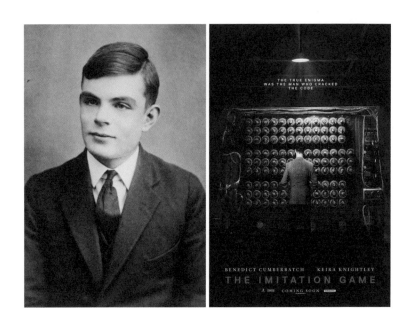

앨런 튜링(좌)과 그의 삶을 다룬 영화 〈이미테이션 게임〉 포스터(우)

하지만 만약 튜링이 평범하게 사랑하는 여자와 결혼하고, 아이를 낳고, 사춘기에 접어든 자녀에게 무시당하고, 노후 대책을 걱정하다 늙어서 치매에 걸려 죽었다면? 아마 튜링이라는 이름은 컴퓨터 교과서 외에는 어디도 기록되지 못했을 것이고 아무도 그를 기억하지 못했을 것이다. 우리가 튜링을 기억하는 이유는 동성애자였던 그가 자신이 '구원한' 조국으로부터 차별당하고, 결국 자살을 택했기 때문이다.

부모, 교사, 선배, 교수, 상사, 멘토, 명사, 대가, 선진국, 가족, 아들딸, 손자 손녀…… 우리는 언제나 어떻게 사는 게 착하고 바른 삶인지 가르쳐주고 조언해주고 명령하는 이들에게 둘러싸여 있다. 항상 타인이 원하는 삶을 살기에 우리가 진정 무엇을 원하는지 선택할 기회가 없다.

거기다 대부분 한국인은 똑똑하고 착하다. 문제는 똑똑하고 착하지만 자신이 무엇을 원하는지 모른다는 것이다. 그야말로 최악의 조합이다. 차라리 멍청하다면 일을 제대로 해내지 못할 테니, 원하지 않는 일을 계속할 필요가 없을 것이다. 성격이 고약하다면 재미없는 일 따위 걷어차고 도망쳤을 것이다. 왜 하는지도 모르는 일, 자신이 진정 원하는 것인지 확신이 들지 않는 일을 묵묵히 참아내고, 게다가 그 일을 웬만큼 해낼 수 있다는 사실, 그것이 어쩌면 우리의 진정한 비극인지도 모른다.

내가 무엇을 원하는지 모르기에 남과 조금이라도 다르면 불안해진다. 남이 가진 것은 나도 가져야 하고, 내가 가질 수 없으면 남도 가져서는 안 된다. 비합리적이라는 사실을 모두가 알지만, 아무도 바꿀 수 없다. 그리고 이런 현실에 사는 우리이기에 '남과 다를 수 있는 권리'를 포기할 수 없었던 튜링의 삶에 열광하는지도 모른다.

여자가 좋아, 남자가 좋아?

아이러니한 사실은 동성애자였던 튜링의 삶에 열광하는 우리가 동성애자에 대해서는 편견 가득한 시선을 가졌다는 것이다. 오드리 헵번, 앤젤리나 졸리, 김태희…… 나를 포함한 대부분 대한민국 남자들의 로망일 것이다. 현실에서 가능하다면야 당연히 만나보고 싶고 연애해보고 싶겠다. 하지만 모든 남자가 그렇게 생각하는 건 아니다. 남자지만 여자보다 남자가 더 좋고, 여자지만 남자보다 여자가 더 좋은 이들도 있기 때문이다. 1948년 출간된 『킨제이 보고서』에서는 약 10퍼센트의 미국인들이 동성애자라는 결론을 내렸다. 2013년 영국 통계청 조사에선 1퍼센트 정도만 자신을 동성애자라고 인정했다고 한다.

그렇다면 동성애의 원인은 무엇일까? 사이먼 리베이 하버드 의대 교수는 동성애자들의 뇌 시상하부hypothalamus가 비교 그룹보다 크다

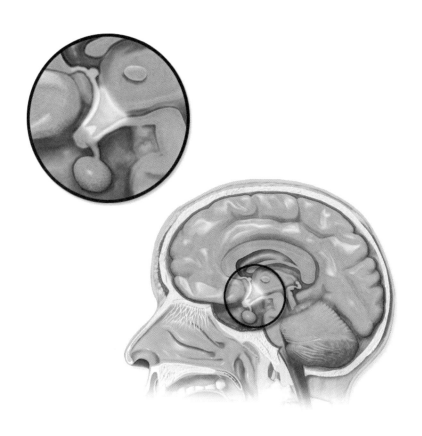

뇌 시상하부

고 주장했지만, 과학계에선 여전히 논란중이다.

1퍼센트, 5퍼센트, 10퍼센트? 선천적이냐 후천적이냐? 그다지 중요하지 않은 질문들이다. 핵심은 이거다. 한국, 영국, 아프가니스탄, 수단 등 동서양을 막론하고 적지 않은 소수의 동성애자가 있지만, 대부분 사회 구성원들은 이들을 이해하지도, 인정하지도 못한다는 사실이다. 물론 나 자신도 개인적으로 이해하기 힘들다. 하지만 내가 이해하지 못하고 동의하기 어렵다는 사실이 타인의 행복을 방해해서는 안 된다는 믿음이 바로 민주주의의 핵심 가치 중 하나다.

다른 사람에게 직접 피해를 주지 않는 개인의 선택은 사회가 간섭할 일이 아니다. 중세 유럽 같은 미개한 독재 사회에서도 '내 편'은 언제나 보호하고 지지했다. 나와는 다른 의견이기에 인정해주고, 내가 이해는 못하지만 보호할 수 있는 성숙함이야말로 '민주주의'라는 업그레이드된 인류 사회를 가능하게 한다. 즉 민주주의란 '남과 다를 수 있는 권리'를 보호하고 지켜주는 사회가 아닐까.

남을 통제하고 싶은 본능이 권력욕의 씨앗

그런데 여기서 한 가지 의문이 생긴다. 과연 영원한 민주주의란 가능할까? 기원후 330년 5월 11일, 1000년 역사를 자랑하던 로마를 포기한 콘스탄티누스 1세는 오늘날 이스탄불을 로마 제국의 새로운 수도로 지정한다. 그는 '신 로마Nova Roma'로 또 한번 1000년의 영광을 꿈꾸었을 것이다. 하지만 인간에게 '영원한'이란 언제나 헛된 욕망일까? 터키와 북아프리카를 중심으로 한 동로마와 서유럽을 중심으로 한 서로마는 점차 각자의 길을 가기 시작한다. 그리고 395년, 동로마는 훈 족의 위협에, 그리고 서로마는 서고트 족의 반란에 휘말린다. 끝없이 목을 베고 씨를 말려도 계속 밀려오는 반달 족, 수에비 족, 알란 족 들과 영국을 강탈한 가짜 황제 콘스탄티누스 3세. 누가 로마를 이 난국에서 구원할 수 있을까?

답은 플라비우스 스틸리코였다. 반달 족 야만인을 아버지로 두었지만 누구보다도 더 로마인다웠던 로마의 마지막 장군. 선대 황제 테오도시우스 1세는 스틸리코에게 중요한 임무를 맡기고 세상을 떠난다. 열한 살에 서로마 제국 황제가 될 아들 호노리우스를 지켜달라는 부탁이었다. 스틸리코의 보호 아래 아이는 어른이 됐지만, 여전히 아이 수준의 지능과 능력만을 가지고 있었다. 황제는 궁에 숨어 당시 유행했던 닭 키우기에만 전념했다. 그리고 408년 8월 22일, '야만인 대군'이 로마를 위협할 때 호노리우스는 로마를 구할 수 있는 유일한 인물에게 사형을 내린다. 물리적 권력을 가졌지만 정신적으로 성숙하지 못한 황제, 그의 아버지가 베푼 은혜를 잊지 못하던 늙은 장군은 조용히 칼을 받아들인다. 이렇게 서로마는 '썩은 왼손으로 자신의 멀쩡한 오른손을 자르고' 결국 멸망의 길에 접어든다.

열한 살에 서로마 제국 황제가 된 호노리우스.
장 폴 로랑스의 1880년 작품

그리고 또다시 1500년 후, 동로마 제국의 후계 국가라고 자칭하던 러시아 제국을 무너뜨린 볼셰비키 혁명. 괴승 라스푸틴의 영향 아래 자신들만의 판타지 세상에 살던 차르 니콜라이 2세, 알렉산드라 황비, 그리고 아들딸들이 볼셰비키들이 쏜 수백 발의 총알에 맞아 쓰러진다. 그후 '무례하고 거칠며 미개한' 스탈린이 당 지도자가 되는 건 참을 수 없다며 그의 숙청을 요구했던 레닌이 뇌졸중으로 쓰러지고, 이에 스탈린은 재빠르게 움직인다. 방법은 항상 같았다. 그는 지노비예프, 카메네프, 부하린과 힘을 합쳐 레닌의 실질적 후계자였던 트로츠키를 몰아냈다. 그러곤 부하린과 함께 지노비예프와 카메네프를 숙청한 뒤 마지막으로 부하린을 총살했다.

스탈린은 볼셰비키당의 원로, 레닌의 친구, 경쟁자, 동반자, 자본주의자, 공산주의자, 노동자, 장군 들을 숙청했다. 스탈린이 두려워했던 사람도 있고, 아무 이유 없이 죽인 사람도 있다. 자신도 끌려갈 것을 예상했던 사람도 있고, '나만은 스탈린의 절친'이라고 믿었던 사람도 있다. 혁명가들을 제거한 비밀경찰 국장들의 운명 역시 다르지 않았다. 멘진스키(임기 1926~1936), 야고다(1934~1936), 예조프(1936~1938) 모두 자신의 후임에게 처형당했다.

가난한 러시아에서 300조 원의 개인 재산을 모은 황제를 총살시킨 트로츠키, 트로츠키를 망명시킨 지노비예프, 지노비예프를 숙청한 카메네프, 카메네프를 처형한 부하린, 부하린을 몰아낸 멘진스키, 멘진스키를 독사시킨 야고다, 야고다를 때려죽인 예조프, 예조프를 고문해 엉엉 울게 한 베리아.

누가 피해자이고 누가 가해자일까? 수십만, 수백만의 피해자·가해자들에겐 공통점이 하나 있었다. 스탈린은 살고 그들은 모두 죽었다는 사실이다. 어느 누구도 숙청과 고문과 총살로부터 안전할 수 없다는 예측 불가능성, 그 자체가 아마도 스탈린식 권력의 최고 비밀무기였을 것이다.

하지만 스탈린도 인간이기에 그와 관련해 단 하나만은 예측할 수 있었다. 그도 언젠간 죽을 거라는 사실이었다. 영원히 올 것 같지 않았던 그날. 밤에 일어나 자정까지 카우보이 영화를 즐겼다는 스탈린, 소련에서 제작되는 모든 영화의 운명을 결정했다는 스탈린, 유치하기 짝이 없는 〈볼가─볼가〉라는 러시아식 뮤지컬을 위해 직접 노래를 작사했다는 스탈린, 영어를 못하는 소련연방공화국 문화부 장관(이반 볼샤코프)에게 영화 〈타잔과 제인〉을 동시통역하게 한 스탈린(볼샤코프는 "타잔 온다, 타잔 간다"라는 식의 엉터리 통역을 했다고 한다)…… 죽어가는 스탈린을 그의 마지막 머슴들, 베리아, 말렌코프, 흐루시초프가 둘러싸고 있었다.

스탈린이 뇌졸중으로 쓰러져 의식을 잃자 베리아는 갑자기 그를 욕하기 시작했다. 그가 얼마나 잔인했는지, 그가 얼마나 많은 사람을 죽였는지. 그러다 스탈린의 깊은 숨소리가 들리자 베리아는 무릎 꿇고 그의 손에 키스한다. 하지만 다시 스탈린이 혼수상태에 빠지자 베리아는 벌떡 일어나 그에게 침을 뱉는다. (충분히 있었을 만한 영화의 한 장면을 생각해볼 수 있다. 또다시 깨어나려는 스탈린을 베리아는 베개로 눌러 죽인다. "왜, 도대체 왜 죽지 않느냐"라고 외치며.)

권력의 핵심은 '제어'다. 하지만 모든 제어가 권력은 아니다. 밤하늘의 행성들을 제어하는 중력은 그냥 자연의 법칙일 뿐이다. 자연의 법칙은 어길 수 없다. 근본적으로 어길 수 없는 힘은 권력과 무관하다. 나에 대한 통제 역시 권력이라 보기 어렵다. 나의 다양한 선호도와 의지 중 하나를 선택하는 자제력은 중요하다. 하지만 결국 이 모든 것은 나 자신을 위한 것이다. 그렇다면 권력이란 '내 이익을 위해 타인을 제어하는 상황'이라고 말할 수 있겠다.

권력이란 언제부터 생긴 것일까? 어쩌면 생명 그 자체가 권력의 결과라고 말할 수 있다. 물리화학적 현상을 통해 분자들이 합쳐지고 첫 세포가 만들어졌을 것이다. 하지만 단일 세포로는 '지구'라는 이 험한 세상에서 존재하기 힘들다. 다른 세포들이 나와 합쳐지고 '나'를 위해 일하도록 해야 한다. 더 많은 세포들이 '나와 결합할수록 '나'의 생존 확률은 높아진다. 서로 합쳐진 세포들을 제어하기 위해선 새로운 도구가 필요하다. 처음엔 호르몬, 그리고 후엔 전기적 신호를 통해 세포들은 제어당했을 것이다. 수많은 세포로 구성된 인간의 '몸'은 결국 '생물학적 권력'이 존재하기 때문에 가능한 것이다.

하지만 이 권력은 몸 내부에서만 가능하다. 한 나라의 독재자가 가진 권력이 국경선을 넘으면 무의미해지듯 내 몸안의 세포들을 제어하는 통제력은 몸의 한계를 넘지 못한다. 몸밖에 있는 세포덩어리들 역시 내가 통제할 수 있으면 얼마나 좋을까? 리처드 도킨스는 인간은 이 문제를 '확장된 표현형Extended Phenotype'을 통해 해결했을 거라고 가설한다.

인간은 결국 '언어'라는, 몸밖으로 확장된 표현형을 통해 내가 아닌 타인들을 제어하기 시작했다는 것이다. 선배가 후배에게 "가서 마실 것 좀 사 와"라는 말 한마디로 자신의 손이 닿지 않는 곳에 있는 것을 얻을 수 있듯, 베리아에게 "저놈 쏴 죽여"라는 명령 하나로 스탈린은 러시아를 제어할 수 있었던 것이다.

인간은 다른 인간을 사냥하는 늑대

토머스 홉스가 주장하고 스탈린이 증명했듯 '인간은 다른 인간을 사냥하는 늑대homo homini lupus'라고 가설해보자. 어차피 인간은 잔인하고 미개하고 험악하므로 우리는 살아남기 위해 누구보다 더 사악하고 더 험악해져야 하는 것일까? 우리는 마키아벨리의 적나라한 주장들을 받아들여야 하는 것일까?

고대 그리스의 아테네인들은 왕과 독재자를 몰아내고 고민에 빠졌다. 자신의 이익을 위해 다수를 제어하려는 인간의 본능을 어떻게 통제할 수 있을까? 클레이스테네스는 '이소노미아Isonomia', 그러니까

르네상스 시대 권력의 현실을 적나라하게 보여준 마키아벨리.
산티 디 티토의 그림

'법nomos 앞에 평등iso'이 핵심이라 생각했다. 그렇지만 어떤 법 앞에 모든 인간이 평등하다는 말일까? 클레이스테네스의 개혁 전에도 '모든(물론 노예, 여자, 어린아이들을 제외한)' 아테네 시민들은 가족관계에 얽힌 씨족들로 나뉘어 있었다. 하지만 그들은 개인의 이득을 가족의 이득으로 연장할 뿐이었다. 클레이스테네스는 '가장 공평한 법은 의도적이지 않은, 그러니까 비의도적 랜덤화를 통해서만 가능하다'고 생각했다. 아테네는 가족 간의 경계선을 무시한 랜덤적 선거구deme로 나뉜다. 시의회는 랜덤으로 선택된 신민들로 매년 새로 구성된다. 모든 결정은 과반수 deme의 표를 얻으면 통과되고, 6000명 시민들의 표를 얻으면 그가 누구라 하더라도 10년간 망명을 떠나야 했다. deme의 통지, 고로 민주주의 시작이었다.

스탈린의 후계자들이 힘겹게 유지하던 러시아식 공산주의가 무너진 후 프랜시스 후쿠야마는 『역사의 종언』에서 서양화된 자본주의적 민주주의의 영원한 승리를 '예언'한 바 있다. 민주주의, 자본주의, 서양화는 동일한 철학의 세 가지 면이기에 서양화 없는 자본주의는 불가능하고, 민주주의 없는 서양화도 존재하지 않는다는 것이다. 물론 모든 예언은 예언자의 희망사항일 뿐, G2로 성장한 중국은 자본주의적 공산주의의 가능성을 보여주고 이슬람 국가들은 민주주의도, 서양화도 없는 자본주의를 추구한다.

인류의 기억에서 거의 사라졌던 민주주의를 다시 한번 시도해보겠다던 18세기 말 신대륙의 미국, 젊은 프랑스 철학자 토크빌은 신대륙에서의 경험을 정리한 『미국의 민주주의』에서 중요한 질문을 던졌다. 민주주의가 정치적으로 디폴트된 오늘, 이 세상 모두가 민주주의란 이름을 달고 다니기에 어느덧 '지루해진' 민주주의, 검증된 정보보다 초등학생이 인터넷에 올린 음모설이 더 주목받는 오늘, 게리맨더링과 '티파티' 집단들이 민주주의 원칙을 위협하는 오늘, 우리는 다시 한번 토크빌과 같은 질문을 던져야 한다.

미개하고 사악한 이 세상에서 영원한 민주주의는 과연 가능할까?

왜 하는지도 모르는 일을
묵묵히 참아내고, 게다가 웬만큼 해낼 수 있다는 사실,
그것이 우리의 진정한 비극인지도 모른다.

04

—

존재적
외로움

—

기원전 480년 당시 최강 국가였던 페르시아 제국의 크세르크세스 1세는, 그리스 점령에 실패한 선대 황제 다리우스 1세의 한을 풀기 위해 백만 대군을 이끌고 그리스로 향한다. 텐트를 치고 빵을 굽고 칼과 창을 갈며 긴 원정을 바쁘게 준비하던 병사들, 언덕 위에서 마치 개미처럼 작게 보이던 그들을 응시하던 황제는 갑자기 한없이 눈물을 흘렸다고 한다. 인간과 인간이 서로를 자르고 베고 참수할 얼마 후 미래를 생각하던 크세르크세스는 말한다. "저 많은 병사 중 몇명이나 가족 품으로 돌아갈 수 있을까?"

자신의 신하와 백성을 동물보다 못한 노예로 취급하던 황제. 그는 문득 셀 수 없이 많은 병사 한 명 한 명 모두가 자신과 같은 인간이라는 '소름 끼치는' 사실을 인식하게 된 것이다.

축구장, 놀이동산, 출근길…… 수많은 사람을 바라보며 우리는 가끔 놀라곤 한다. 그들 모두 나와 같은 '나'라는 존재를 갖고 있다는 사실이 신기하기도 하다. 그들도 나처럼 과거를 후회하고, 미래에 대한 하찮은 희망을 버리지 못하며 살까? 저 많은 사람들이 모두 자신만 독특하며 잘났다고 생각하면서 살고 있는 것인가? 그렇다면 나라는 존재는 특별하지도, 독특하지도 않다는 말인가?

우리는 다른 사람들이 어떤 '자아'와 '정신'을 갖고 있는지 직접 확인할 수 없다. 타인의 내면적 세상은 느낄 수 없기 때문이다. 하지만 fMRI(기능성 자기공명영상) 같은 방법을 사용하면 적어도 인식, 지각, 판단을 좌우하는 뇌의 활성 패턴을 관찰할 수 있다.

얼마 전, 영국의 한 연구진이 fMRI를 사용해 개인만의 독특한 시각적 판단은 측두엽 아래 부분inferior temporal cortex에서 만들어진다는 결과를 보고했다. 그곳의 뇌 활성 패턴을 판독하면 개개인의 시각적 판단을 예측할 수 있다는 말이다. 만약 이 가설이 검증된다면 우리는 이런 결론을 내릴 수 있겠다. 동일한 것을 보고 듣고 배우면서도 우리의 측두엽은 조금씩 다른 반응을 나타내기에, 우리의 판단은 남들과는 언제나 조금씩 다른 '나만의 개성'을 가질 수 있다는 것이

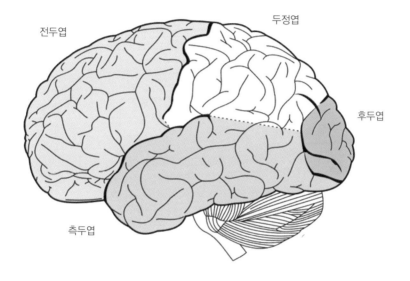

전두엽   두정엽   후두엽   측두엽

측두엽의 위치

다. 하지만 이것만으로 나라는 존재를 규정짓기엔 무리가 있다. '나'는 경험, 기억 등 다양한 요인에 의해 만들어지고 또 변화되기 때문이다. '나'란 도대체 어떤 존재일까.

'나'는 '내 기억'의 합집합이다

보스턴 남쪽 아름다운 찰스 강. 강변 벤치에 앉아 흐르는 강물을 바라보던 '호르헤 보르헤스'라는 이름의 노인은 헤라클레이토스의 말을 떠올려본다.

"물이 변하고 사람이 변하기에, 그 누구도 같은 강물에 두 번 들어갈 수 없다."

순간 옆자리에 한 젊은이가 앉는다. 누구였을까? 놀랍게도 그가 다름 아닌 '50년 전 자신'이란 걸 노인은 발견한다. 젊은이의 미래를 불쌍하게 생각한 노인은 알려준다(우리는 언제나 자기 자신을 가장 불쌍히 여기지 않던가?). 자신의 과거이자 젊은이의 미래를 말이다. 많은 책들을 쓸 거라고, 어머니는 건강하게 오래 사시겠지만 아버지는 곧 돌아가실 거라고. 하지만 이제 겨우 스무 살이 된 '젊은 보르헤스'는 노인이 되어버린 자신의 존재를 믿지 않는다. 그는 이건 꿈일 거라고 생각한다. '스위스 제네바에 사는 자신'이 '노인이 되어 미국 보스턴 강변에 앉아 있는 자신'을 꿈에서 보고 있을 뿐이라고. 물론 인

젊은 시절의 보르헤스(좌)와 노년의 보르헤스(우).
보르헤스의 단편 「타인」에는 이 둘의 만남이 그려진다

생은 꿈이다. 하지만 만약 둘이 되어버린 자신이 하나의 꿈을 꾼다면? 그건 누구의 꿈일까?

아르헨티나 작가인 호르헤 보르헤스의 단편 「타인」의 내용이다. 그렇다. "판타레이Panta rhei, 만물은 변한다"라고 주장했던 그리스 철학자 헤라클레이토스의 말대로 세상에 같은 것은 없다. 하지만 잠깐! 아무리 만물이 변한다 하더라도, 변화를 인식하기 위해서는 고정된 무엇이 존재해야 하지 않을까? 그렇기에 우리는 믿는다. 이 세상 모든 게 변하더라도 '나'라는 자아만은 변하지 않는다고. '내'가 지속적으로 존재하기에 세상의 변화를 느낄 수 있다고.

'나'는 '내 기억'의 합집합이다. 기억이 존재하기에 내가 존재할 수 있고, '어제저녁의 나'를 기억하기에 '오늘 아침의 나'는 '어제의 나'와 같은 인물이란 걸 인식한다. 우리는 아침마다 확신한다. 오늘 아침 '잠에서 깨어난 나'는 어제저녁 '잠든 나'와 같은 인물이라고. 인간의 삶은 매일매일 '어젯밤의 나'와 '오늘 아침의 나'의 만남으로 시작된다고.

하지만 적어도 우리 몸은 언제나 변한다. 몸은 수십조 개의 세포들로 구성되어 있다. 세포들은 주기적으로 만들어지고, 분열하고, 죽는다. 허파세포들은 2, 3주마다, 창자세포들은 2, 3일마다 교환된다. 피부세포들은 시간당 3, 4만 개씩 죽어, 우리가 잠들어 있는 동안 수십만 개의 세포들이 몸에서 떨어져나간다. 창문을 열어놓은 적도 없는데 바닥에 뽀얗게 쌓인 먼지들을 보고 이상하게 생각한 적이 있을 것이다. 사실 그 먼지는 바로 얼마 전까지 대리석 같은 피부를 만들기 위해 씻고 단장하던 '나'의 한 부분인 것이다.

우리 몸은 매일매일 조금씩 변신하고 있다. 그런데도 변하지 않는 듯한 '나'라는 그 정체성의 근거는 과연 무엇일까? 어쩌면 우리 몸속 세포들처럼 '나'라는 존재 역시 매일 조금씩 만들어지고, 변하고, 죽어가고 있는지도 모른다. 다시 말해 오늘 아침에 깨어난 나는 어제 잠든 나와는 다른 존재일 수 있다는 것이다. 어쩌면 우리는 매일 아침 '새로운 나'와 새롭게 만나고 있는지도 모른다. 매일 보는 자신이 문득 낯설게 느껴지는 순간, 그것은 우리가 '지금의 나'가 '이전의 나'와는 다른 존재라는 사실을 어렴풋이 인지하고 있기 때문은 아닐까.

'고향'에서도 '이방인'으로 살아야 하는 이유

'지금의 나'와 '이전의 나'가 다를 수밖에 없는 또다른 이유가 있다. 그것은 바로 환경의 변화다.

1308년, 아름다운 고향 이탈리아 피렌체에서 추방당한 시인 단테는 질문했을 것이다. '왜 나는 사랑하는 피렌체에서 살 수 없는 것일까? 무엇이, 언제부터 꼬였던 것일까?' 자신의 뒤틀린 운명을 설

산드로 보티첼리는 〈지옥의 지도〉에서 끔찍한 연옥을 형상화했다

명하기 위해선 세상을 이해해야 했기에 시인은 시를 쓰기 시작한다. 그것도 매우 긴, 천당과 지옥을 보여주는 시를 말이다.

이탈리아 언어의 기원으로 인정받는 단테의『신곡』. 이 시에서 단테는 로마 시인 베르길리우스의 가이드를 받으며 지옥과 연옥을 경험한다. 하지만 세례를 받지 못하고 죽은 베르길리우스는 천국을 들어갈 수 없기에, 새로운 가이드가 필요했다. 바로 단테의 영원한 여인 베아트리체였다.

여덟 살의 베아트리체를 우연히 보게 된 아홉 살의 단테는 평생 베아트리체를 기억하고 사랑한다. 귀여운 여자아이는 아름다운 여자가 되고 곧 다른 남자와 결혼한다. 그리고 얼마 뒤 죽는다. 불과 스물네 살의 젊은 나이에 말이다. 더이상 눈으로 볼 수 없고, 귀로 들을 수 없는 베아트리체. 하지만 그녀는 여전히 단테의 기억 속에 존재했다. 베아트리체를 잊을 수 없었던 남자는 그녀를 위해 책을 쓴다.『신생』. 어머니의 다리 사이에서 태어났지만 베아트리체를 만나는 순간 다시 한번 탄생한 단테는 서른 살에 완성한 책에서 말한다. "이 세상에 존재하지 않는 그녀를 이젠 잊겠다. 지금부터는 그녀를 영원히 기억에서 지우겠다"고.

하지만 '영원'이란 단어는 인간에겐 허용되지 않는 것일까? 먼 훗날『신곡』에 다시 등장한 베아트리체는 더이상 아름다운 인간이 아닌 사랑, 자비, 그리고 성령 그 자체가 돼버린다. 여덟 살짜리 꼬마 아이가 신이 돼버린 것이다.

안젤름 포이어바흐의 1862년 작 〈이피게네이아〉

3200년 전 어느 날, 고대 그리스 아카이아 연합군은 머나먼 트로이로 출항한다. 하지만 연합군 사령관 아가멤논을 달갑지 않게 여겼던 아르테미스 여신이 바다의 바람을 멈춰버리자 아카이아인의 무시무시한 검은 배들은 무용지물이 된다. 해결책이 필요했다. 그것도 당장 말이다. 영리한 오디세우스에게 설득당한 아가멤논은 그리스 최고 영웅 아킬레우스와 결혼할 것이라며 자신의 딸 이피게네이아를 유인한 뒤 아르테미스 여신에게 바친다. 그녀를 불쌍하게 여긴 여신은 이피게네이아를 머나먼 흑해의 타우리스 섬으로 데려간 뒤 그곳에 도착하는 이방인들의 목을 베어 제물로 바치도록 명한다.

자신을 만든 아버지에게 속은 여인, 스스로도 외로운 이방인이면서 자신을 가장 잘 이해해주고 위로해줄 수 있는 다른 이방인들을 제물로 바쳐야 하는 이피게네이아. 마치 고독한 사람을 주로 다룬 미국 화가 에드워드 호퍼의 그림 속 사람들처럼 그녀는 매일 아침 수평선에 뜨는 해를 바라보며 생각했을 것이다.

'제발 오늘은 아무도 오지 말아달라고. 아니, 누구라도 와달라고. 아니, 절대 와선 안 된다고. 아니, 바로 제물로 바쳐야 하더라도 새로운 누군가의 얼굴을 보고 싶다고.'

인간은 왜 고향에 오면 마음이 편해지고 타국에서 살면 고향이 그리워지는 걸까? 왜 피렌체를 떠난 단테는 견딜 수 없는 그리움과 외로움을 베아트리체란 '마음속 고향'을 통해 달래려 했을까? 타우

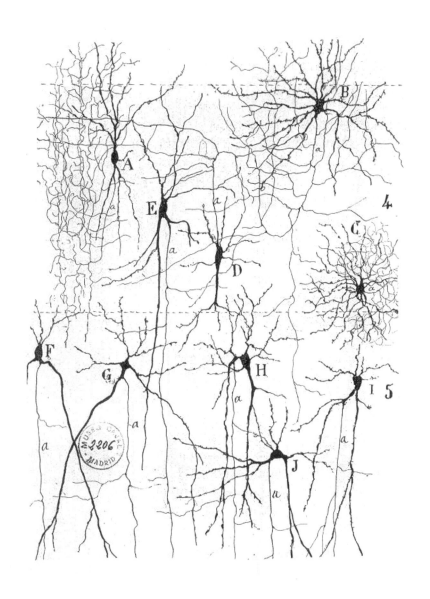

생물학적 신경회로망

리스 섬에 갇힌 이피게네이아는 왜 필요 이상으로 많은 이방인들을 죽이기 시작했을까?

이민, 이주, 망명, 귀향, 추방…… 이렇게 고향을 떠난 우리는 더 이상 그전의 우리가 아니다. 이유는 뇌 발달과 연관돼 있다. 1000억 개 신경세포들 간의 수많은 시냅스(연결고리)들의 위치와 구조를 유전적으로 물려받기는 불가능하기에 뇌는 미완성 상태로 태어난다. 대신 뇌는 약 10년간의 '결정적 시기critical period'란 걸 갖고 있다. 결정적 시기 동안 자주 쓰이는 시냅스들은 살아남고 사용되지 않는 시냅스들은 사라진다. 결정적 시기의 뇌는 찰흙같이 주변 환경에 의해 주물러지고 모양이 바뀔 수 있다.

고향이 편한 이유는 어릴 적 경험한 음식, 소리, 얼굴과 풍경, 이 모든 것들이 우리의 뇌를 완성시킨 바로 그 요소들이기 때문이다. 나란 존재를 만든 고향, 그 고향을 떠난다는 건 나란 존재의 원인과 이유를 의심하기 시작한다는 말과 같다. 질문이 무의미한 고향과 대답이 무의미한 타향. 여기서 흥미로운 질문을 하나 할 수 있겠다.

만약 이민을 떠나지도, 망명이나 추방도 당하지 않았지만 내 고향이 더이상 내가 자란 그 고향이 아니라면?

수백, 수천 년 동안 세상의 시계는 멈춘 듯했다. 우연한 마을, 우연한 가족에서 태어나 죽도록 일만 하다 마흔 살이 되기 전에 죽는다. 그것도 그나마 운이 좋을 경우에만 말이다. 신, 영웅, 귀족이 아닌 평범한 인간에게 시간의 흐름이란 무의미했기에, 결정적 시기에 뇌를 완성시킨 세상은 대부분의 사람들에겐 불변의 진실이었다. 하지만 더이상 변하지 않는 것은 아무것도 존재하지 않는 오늘날, 오늘은 어제와 다르고 내일은 예측 불가능하다. 오늘의 진실은 내일의 이단이고 어제의 패션은 오늘의 난센스다. 나는 변하지 않았지만 세상이 변했기에, 나는 고향에서조차 이방인이 돼버린다는 말이다.

우리는 내년의 패션을 예측하기 어렵고, 오늘의 대기업이 1년 후 망할 수 있는 지속적 변화의 시대에 살고 있다. 20년, 30년, 40년 전 결정적 시기에 우리 뇌를 최적화해주었던 대한민국과 오늘날의 대한민국은 엄격히 보면 더이상 같은 나라가 아니다. 우리 뇌를 완성한 고향이 더이상 존재하지 않기에, 우리는 어쩌면 고향에서도 이방인으로 살아야 하는 '존재적 외로움'을 느끼는지도 모른다.

무한의 고향을 그리워하는 사람들

고향에서의 이방인이란 대체 어떤 느낌일까?

10년이란 긴 전쟁을 끝내고 고향 이타카로 돌아가려는 오디세우스. 하지만 신들의 노여움을 산 그는 또다시 10년 동안 고향을 찾아 유랑해야 한다. 키클롭스 섬의 외눈 거인에게 잡히고, 마녀 키르케의 섬에서는 동료들이 돼지로 변한다.

그리운 명절마다 고향을 향해 달려가는 우리, 해외에 살면 갑자

우리 뇌를 완성한 고향이 더이상 존재하지 않기에
우리는 고향에서도 이방인으로 살아야 하는 '존재적 외로움'을 느끼는지도 모른다

기 애국자가 돼버리는 우리. "아리랑, 아리랑, 아라리오"란 노래를 들으면 마음이 찡해지는 우리. 태어나고 자랐기에 내가 나 자신이 될 수 있는 고향으로 향하는 우리는 모두 오디세우스의 후손이다. 그러나 잠깐! 키르케의 섬에서 탈출한 오디세우스는 지옥 하데스에서 예언자 테이레시아스를 만나서 그에게 물어본다. 자신은 고향으로 돌아갈 수 있느냐고. 저명한 예언자는 말한다.

"그래, 오디세우스야, 오랜 시간이 걸리겠지만 넌 결국 이타카로 돌아갈 것이다. 사랑스러운 아내를 품에 안을 것이고, 멋진 청년으로 자란 아들을 볼 수 있을 것이다. 하지만 오디세우스야, 이것만은 알아야 한다. 네가 아는 고향에 도착한 넌 다시 네가 아는 고향을 떠나야만 너의 진정한 고향으로 돌아갈 수 있단다……"

죽을 고생을 해서 돌아가려는 고향이 진정한 고향이 아니며 진정한 고향으로 가려면 고향을 다시 떠나야 한다니, 대체 무슨 말일까?

아일랜드의 국민작가 제임스 조이스는 오디세우스의 라틴어 이름을 제목으로 한 그의 대표작 『율리시스』에서 주인공 리오폴드 블룸의 긴 하루를 마치 오디세우스의 열여덟 가지 이야기같이 보여준다. 거인 키클롭스의 얘기는 더블린 시의 주점 이야기가 된다. 칼립소 여신과의 7년간의 사랑은 이클레스 가 7번지 이야기로 변한다. 길고도 긴 하루 동안의 유랑을 마치고 아늑한 집으로 돌아온 리오폴드 블룸. 하지만 그는 정말 집으로 돌아온 것일까? 유대인인 블룸에게 집과 고향이란 과연 무슨 의미일까?

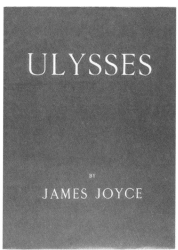

제임스 조이스와 그의 소설 『율리시스』. 이 책의 주인공은 긴 하루 동안의 유랑을 마치고 집으로 돌아오지만 집을 진정한 고향으로 느끼지 못한다

이스라엘을 떠나 2000년이란 긴 시간을 걸쳐 아일랜드까지 온 블룸의 조상들. 더블린에 있는 그의 집이 진정한 고향이 아닌 것같이 오디세우스의 진정한 고향은 그리스 이타카가 아니란 말이다. 그렇다면 오디세우스의 진정한 고향, 아니 우리 모두의 진정한 고향은 과연 어디일까?

고대 그리스의 시인 호메로스의 『일리아드』는 아킬레우스의 참을 수 없는 분노로 시작한다. 그리스 최고의 영웅 아킬레우스, 신들의 은총을 받는 아킬레우스, 그의 분노는 어디에서 오는 것일까? 사랑하는 노예 브리세이스를 연합군 사령관 아가멤논에게 빼앗긴 아킬레우스는 전쟁 참여를 거부한다. 이로 인해 그리스인들은 트로이 전쟁에서 패배할 위험에 빠진다. 아킬레우스를 설득하러 온 오디세우스는 이 세상 최고의 보물과 여자와 말을 약속한다. 하지만 아킬레우스가 원하는 것은 말도 여자도 보물도 아니었다.

자신의 연인 브리세이스와 이미 잠자리를 같이한 아가멤논, 지우려 해도 지울 수 없는 상상과 기억, 그 어느 보석과도 바꿀 수 없는, 사라진 마음의 평온…… 아킬레우스는 불가능한 것을 원한 셈이다. 산다는 것은 결국 거기서 거기다. 우리는 아가멤논과 같이 무의미한 이 세상의 부와 권력에 매달려볼 수 있다. 오디세우스와 같이 존재의 무의미에 대해 잘 알지만 지혜와 꾀를 통해 의미를 부여하려 노력해볼 수도 있다. 하지만 지식, 부, 그리고 나만은 다르다는 자부심 역시 세상과 타협하는 하나의 방법일 뿐이다. 하지만 아킬레우스는 타협을 거부한다. 더이상 자신의 고향이 아닌 지금 이 순간의 세상을 인정하려 하지 않는다. 아킬레우스의 분노는 다시 돌려놓을 수 없는 시간, 다시 원상태로 되돌아갈 수 없는 세상에 대한 인간의 마지막 자존심인 것이다.

고향을 떠난 이방인들. 미국에 사는 한국인은 한국을 그리워하고, 한국에 사는 한국인은 과거를 그리워한다. 과거에 살던 사람들은 더 먼 과거와 더 먼 곳의 진정한 고향을 동경한다. 마치 망가져서 거꾸로 돌아가는 필름같이 온 세상 사람들은 잃어버린 세상을 그리워한다.

 모든 인간의 고향은 동아프리카이고, 인간의 고향은 바다였다. 바다의 기원은 지구란 작은 혹성을 만들어낸 우주의 먼지였다. 우주의 먼지는 빅뱅에서 시작됐다. 빅뱅에서부터 나란 존재까지 단 한 번도 끊긴 적 없는 존재들의 꼬리 물기, 무한으로 반복된 탄생과 소멸. 우리는 다시는 되돌아갈 수 없는 그런 무한의 고향들을 영원히 그리워하며 살고 있는 것이다.

'오늘 아침에 깨어난 나'는
'어제 잠든 나'와는 다른 존재일 수 있다.
어쩌면 우리는 매일 아침
'새로운 나'와 새롭게 만나고 있는지도 모른다.

Brain Science Adventures

05
–
사람과 좀비

죽었지만 살아 있고, 영혼 없이도 행동하는 사람들. TV, 영화, 비디오게임에선 '좀비'가 대세다. 아이티에서 시작된 부두교 단어로 '부활한 시체'라는 의미의 좀비. 왜 하필 오늘날 사람들이 좀비에 열광하는 걸까? 물론 영화에 등장하는 좀비는 실제로 존재하지 않는다. 하지만 인간이 자아와 영혼 없이도 행동할 수 있는지 과학적인 질문을 해볼 수 있다. 먼저 우리 몸과 마음, 육체와 정신의 관계에 대해 살펴보자.

마이크로소프트의 빌 게이츠, 페이스북의 마크 저커버그, 정치인, 가수, 일반인…… 수많은 사람이 2014년 여름, 자기 머리에 얼음물을 뒤집어쓰는 모습을 인터넷에 공개했다. '루게릭병'이라는 희귀병에 대한 사회적 관심을 끌어올리기 위한 이벤트였다. '아이스 버킷 챌린지Ice bucket challenge'라는 이 행사를 좋지 않게 보는 시선도 있었다. 진정한 관심을 촉구하기보다 자극적 시선 끌기에 더 초점이 맞춰졌다고, 행사 규정상 꼭 (대부분 자신보다 더 유명한) 타인에게 초대받아야만 참여할 수 있기에 '초대받은 자'와 '초대받지 못한 자'로 사회를 편가르기 한다는 지적도 있었다.

'나는 아이스 버킷 챌린지에 초대받았다. 고로 나는 존재한다.'

이 세상은 좋은 일도 '잘나가는 놈'만 할 수 있다는 말이다. 물론 아이스 버킷 챌린지의 본질적 의도는 매우 중요하다. 루게릭병이 무엇이던가? 근위축성 측삭 경화증Amyotrophic Lateral Sclerosis, 줄여서 ALS라는 이 병은 뇌를 연구하는 나 역시 매우 두려워하는 병 중 하나다.

멀쩡히 살다 어느 날 갑자기 계단에서 넘어지고 손에 힘이 빠진다. 처음에는 크게 신경쓸 필요 없는, 한번 웃어넘기면 되는 그런 증세다. 그런데 시간이 지날수록 비슷한 일이 자주 벌어진다. 손가락과 손의 힘이 점점 더 약해지고 팔다리가 가늘어지는 것 같기도 하다. 본질적 원인도 모르고 치료 방법도 없는 병. 한번 상상해보자. 만약 영원히 끝나지 않는 가위에 눌린다면? 가려움, 아픔, 지루함, 슬픔, 절망…… 모두 느낄 수 있지만, 결국 손끝부터 발끝까지 모두

마비돼버리는 잔혹한 병.

몸과 마음, 언제나 함께할 것 같은 존재의 동반자다. 하지만 루게릭병에 걸린 육체가 '나'라는 자아에게 최악의 감옥이 돼버리는 순간, 우리는 '정신'이라는 그 무언가를 통해 우리 몸을 움직이고 제어할 수 있다는 사실 그 자체에 다시 한번 놀라게 된다.

그렇다면 과연 정신이란 무엇인가? 다양한 종교·철학·과학적 답들이 가능하다. 제임스 왓슨과 함께 DNA의 나선형 구조를 발견해 노벨상을 받은 프랜시스 크릭은 정신을 아름다운 음악과 비교한 바 있다. 뇌는 오케스트라이고, 바이올린·첼로·피아노 연주자들은 뇌의 다양한 기능들이라고 상상해보자. 지휘자 없이도 연주자들은 가지각색의 소리를 만들어낼 수 있다. 하지만 아름다운 음악은 지휘자가 다양한 악기를 잘 조율해야만 가능하다. 비슷하게 시각, 청각, 기억, 감성 같은 뇌의 기능들이 정교하게 통합되어야만 '정신'과 '자아'가 만들어질 수 있다는 가설이다. 그렇다면 '뇌의 지휘자'는 누구일까?

최근 조지워싱턴 대학의 모하마드 쿠베이시 교수팀이 사람의 의식을 전기적 자극을 통해 켜고 끌 수 있는 '정신 스위치'를 발견했다고 보도해 논란이 되고 있다. 정신 스위치는 어디에 있을까? 바로 '전장claustrum'이라는, 피각putamen과 뇌섬엽insular cortex 사이의 작은 영역이다. 거의 모든 뇌 영역과 연결돼 있는 이곳을 자극하면 환자는 마치 로봇이나 좀비가 된 양 행동한다. 숨을 쉬고 눈은 뜨고 있지만,

의식적 지각이나 행동은 더이상 불가능해진다. 양심이나 개념 없이 행동하는 사람들을 보면 우리는 "제정신이 아니다"라고 말한다. 쿠베이시 교수의 결과가 더 많은 실험을 통해 검증된다면 앞으로 우리는 아베 신조 같은 정치인을 두고 "제정신이 아니다"라는 말 대신 "그의 '전장'이 제대로 작동하지 않는다"고 해야 할지도 모른다.

어쨌든 중요한 사실은 이것이다. 영원히 죽지 않고 살아 있다고 하더라도, 영혼과 자아, 정신이 부재한 채로 존재하는 좀비와 같다면 그것을 '삶'이란 일컫기 어렵다는 것이다. 죽을 수 없는 삶이란 얼마나 잔혹한가. 본디 삶이란 죽음이 있기에 의미 있어지는 법이다.

지구를 거쳐간 1000억 명의 죽음

"시간! 내 얼굴을 그리기나 하라고, 이 게으름뱅이야, 우리의 껍질을 벗기는 수백 년의 광기! 마치 장님들을 향해 가고 있는 마지막 인간의 눈알같이 고독하게 홀로인 나."

1913년 러시아의 시인 블라디미르 마야콥스키가 이 시를 쓰고 불과 몇 개월 후, 인류 최고의 문명이며 지성의 축이라고 자화자찬하던 독일, 영국, 프랑스, 러시아는 서로가 서로의 가죽을 벗기고 서로가 서로의 배를 총검으로 찌른다.

『정글북』으로 유명한 영국 작가 러디어드 키플링이 불과 15년 전

조지 프레더릭 와츠의 〈희망〉.
영원히 죽지 않고 살아 있다고 하더라도
영혼과 자아, 정신이 없다면 그것을 '삶'이라 할 수 있을까

존 돌만이 묘사한 「정글북」 속 세상

까만·노란·빨간 피부의 '어린아이' 같은 아시아인과 아프리카인을 정복하고 그들에게 글과 기관차와 하수도를 가르쳐주는 것이야말로 '백인의 짐'이라며 유럽인을 격려하지 않았던가? 키플링의 철없는 '어린아이'들은 『정글북』에서 코끼리, 호랑이, 원숭이와 노래하고 춤추지만, 어른스런 백인들은 서로의 눈알을 찌르며 죽음의 춤을 췄다. 춤은 역겨웠다. 하지만 내가 추면 애국이었고, 내 나라 사람의 배가 아닌 원수의 배를 후비며 파고드는 총검은 아름다웠다. 독일 카이저, 영국 왕, 프랑스 대통령, 러시아 차르, 노벨상 수상자, 철학자, 노숙인, 사회주의자, 자본주의자…… 우연히 추운 유럽에 정착했기에 멜라닌이 모자라 남보다 하얀 피부를 갖게 된 원숭이의 사촌들이 모두 미쳐가는 듯하던 시대였다.

물론 모두가 죽음의 광기에 취한 건 아니었다. 수학자이자 철학자였던 영국의 버트런드 러셀은 반전운동을 벌이다 감옥에 수감됐다. 후고 발, 트리스탕 차라, 마르셀 얀코, 리하르트 휠젠베크 같은 아티스트들은 중립국 스위스에서 다다Dada운동을 시작했다. 왜 '다다'냐고? 고대 그리스, 로마 그리고 르네상스, 계몽주의, 산업혁명! 찬란한(?) 유럽 역사의 결과가 겨우 무의미한 참호전이고 탱크에 깔려 죽는 아버지, 아들, 형, 오빠라면, 그게 무슨 의미가 있단 말인가?

영국 작가 더글러스 애덤스는 『은하수를 여행하는 히치하이커를 위한 안내서』란 책에서 "인류의 모든 문제는 우리 조상들이 나무 아래로 내려오면서 시작됐으니, 차라리 모두 다시 나무 위로 기어올라가자"고 말했다. 하지만 그게 어디 쉽겠는가? 문명의 흔적은 지울 수 없겠지만 적어도 다시 어린아이로 시작할 수 있진 않을까? 다다운동에 나선 사람들은 아무것도 모르는 무지의 상태, 교육과 경험과 탐욕으로 더럽혀지기 전의 인간을 꿈꿨다. 즉 다다운동은 아이들의 첫마디인 '다다'로 다시 시작하자는 의미였을 것이다.

처음부터 다시 시작한다! 19세기 말 '라파엘 전파' 화가들은 당시 사회와 예술의 문제들을 풀기 위해선 라파엘로와 미켈란젤로 이전으로 돌아가야 한다고 주장한 바 있다. 러시아 화가 카지미르 말레비치는 한발 더 나아간다. 그는 2000년의 썩은 냄새로 가득찬 유럽 문명의 돌파구는 그동안의 모든 것을 포기한 순수 추상에 있다고 했다. 요즘 우리나라에서 뒤늦게 인기를 끌고 있는 미국 화가 마크 로스코가 순수 추상회화를 그리기 무려 30년 전이다. 말레비치는 이미 1915년에 형태, 의미, 원근법, 그리고 화려한 색깔도 없는 순수 추상화 〈검은 사각형〉을 그렸다.

젊은 블라디미르 마야콥스키는 이런 주장을 한 바 있다. "그냥 열여덟 살이어선 안 된다"고. 무슨 말이었을까? 열여덟 살, 더이상 어린아이가 아니지만 아직 삶의 무게를 경험해보지 못한 나이, 아직 아무것도 해본 게 없기에 모든 게 가능해 보이는 나이, 너무 어리기에 '영원한'이란 단어를 입에 담을 수 있는 나이, 전쟁·착취·빈부 격

카지미르 말레비치의 〈검은 사각형〉

차·고통도 없는 유토피아를 꿈꿔볼 수 있는, 아니 꼭 한 번은 꿈꿔 봐야 하는 나이. 하지만 열여덟 살의 마야콥스키는 아저씨가 됐다. 중년이 된 마야콥스키의 고향은 그가 그렇게도 두려워하던 '눈먼 자들의 나라'가 돼 있었다. 눈먼 자의 세상이기에 조금이라도 눈을 뜬 자들은, 아니 과거에 조금이라도 눈뜬 적이 있는 자들은, 아니 눈이 무엇이라고 기억하는 자들은 모두 총살당한 지 오래였다.

하얀 당나귀와 나타샤를 노래하던 젊은 백석이 소비에트연방공화국의 인공위성을 찬양하는 늙고 나약한 백석이 돼버렸듯, 화가 말레비치는 스탈린 독재 아래 프로파간다 포스터를 그리기 시작한다. 햇볕에 탄 건장한 팔과 다리, 트랙터에 앉아 밤낮 가리지 않고 사회주의의 승리를 위해 행복하게 감자를 심는 뭐 그런 그림들 말이다. 하지만 트랙터와 감자를 찬양할 수 없었고 인공위성을 노래하기도 싫었던 마야콥스키는 1930년 자신의 심장에 스스로 총을 겨눈다.

왜 그냥 열여덟 살이어선 안 될까? 우리는 모두 언제까지고 열여덟 살이 아니기 때문이다. 삶의 무게를 경험해봤고, 이미 너무 많은 것을 시도해봤기에 우리는 시작의 끝은 대부분 좌절과 절망이란 사실을 잘 안다. '영원히'란 단어를 입에 담기에 너무나 나이를 먹어버린 우리. 그리고 우리는 잘 안다. 오늘의 먼 미래가 언젠가는 그날의 오늘이 되고, 우리가 두려워하는 그날이 오는 날, 우린 이미 '나'란 존재가 아닌, 그저 타인의 머리 안에 남겨질 보잘것없는 추억일 뿐이란 걸. 그리고 그것도 잠깐. 부모의 부모의 부모가 더이상 아무 의미 없는 사람들이

듯, 우리 자식의 자식의 자식에게 우리는 무의미할 것이다.

호텔방에 들어가면 가끔 이런 생각이 든다. 그동안 몇 명이나 저 침대에 누워 '영원한' 사랑을 나누고, TV 보며 잠들고, 고민과 걱정에 시달려 눈뜨고 밤을 새웠을까? 비슷하게 우리는 물어볼 수 있겠다. 이 세상에서 태어나고 자라고 사랑하면서 '영원히'란 단어를 입에 담았을 사람들, 지구엔 과연 몇 명의 사람들이 살아왔을까?

다양한 추측들이 가능하지만 약 1000억 명의 사람들이 살고 죽은 것으로 알려져 있다. 엄마의 고통 아래 1000억 명이 태어났고, 1000억 명의 웃음을 보며 엄마는 삶의 아픔과 인생의 고달픔을 잠시 잊었을 것이다. 1000억 명의 뇌는 세상을 인식했으며, 나와 비슷하게 빨간 장미의 빨간색을 보고 느꼈을 것이다. 그리고 이 모든 1000억 명들, 단 한 사람도 예외 없이 1000억 명 모두 다시 사라졌다. 우리의 기억에서조차 말이다. 기억에도 남아 있지 않은 1000억 명, 그들은 정말 존재했던 것인가?

누구보다도 죽음과 영생에 집착하던 고대 이집트인들. 터무니없는 시간과 자원을 투자해 미라와 피라미드를 만든 그들이지만, 그들 역시 사실 알고 있었던 것일까? "아무도 죽음의 세계에서 돌아오지 않았다"란 불편한 진실이 버젓이 파피루스 문서에 남아 있으니 말이다. 르네상스 화가 카라바조는 죽은 지 사흘 만에 부활했다는 그리스도를 의심한 성[聖] 토마스가 집게손가락을 그리스도의 몸안에 깊게

'카라바조'라고도 통하는 이탈리아의 화가 미켈란젤로 메리시의
〈성 토마스의 의심〉

집어넣는 장면을 그려 충격을 줬다.

"Noli me tangere(놀리 메 탕게레)", 즉 나를 만지지 마라! 부활한 그리스도가 마리아 막달레나에게 던진 말이다. 물론 원본 그리스어인 "me mou haptou(내게 더이상 집착하지 마라)!"가 더 정확한 표현일 것이다. 왜 우리는 죽은 자에게 집착해선 안 될까? 죽은 자는 잊혀야 하기 때문이다. 잊힌 죽은 자는 다시 자연이 되고, 자연은 삶을 가능하게 한다. 그들의 피와 살은 우리의 피와 살이 되고, 우리는 그들의 허파가 뱉어낸 숨을 다시 쉬고 있는 것이다. 살아 있는 70억 명의 사람들과 이미 죽은 1000억 명의 잊힌 사람들. 우리는 언제나 잊힌 죽은 자들에게 둘러싸여 있다.

'나'는 죽지만 '내 유전자'는 살아남는다

영국의 진화학자 찰스 다윈에게 죽음은 삶의 필연이었다. 적응하지 못한 자와 더이상 필요하지 않은 자의 죽음을 통해 진화가 가능하니 말이다. 그렇다면 삶의 본질은 끝없는 싸움과 강자의 지배뿐이란 말일까? 하지만 사랑과 자비 역시 자연의 일부다. 진화의 원리인 이기주의와 문명의 근원인 이타주의, 이들 간의 타협은 과연 가능할까? 영국 출신 진화이론가 존 홀데인, W. D. 해밀턴, 존 메이너드 스미스는 이타주의적인 이기주의를 혈연선택kin selection이란 개념을 통해 설명한다. 자식을 위한 엄마의 희생, 여왕개미를 위한 일개미의 희생, 똑똑한 동생을 위한 착한 누나의 희생…… 이타적으로 보이는 이 모든 행동들 역시 결국 본인들의 생존 확률을 최대화하는 이기적인 전략이란 것이다.

하지만 잠깐! 내가 죽으면 난 더이상 없다. 어떻게 내 죽음이 내게 도움이 될 수 있다는 말인가? 영국의 진화생물학자이자 대중과학 저술가인 리처드 도킨스의 '이기적 유전자' 이론에 따르면 내 주인공은 사실 내가 아닌 내 유전자들이기 때문이다. 동일한 유전은 동일하다. 정보에게 소유자는 무의미하기 때문이다. 내 몸에 있는 유전자가 내 몸을 통해 살아남든, 아니면 내 친척들 몸을 빌려 살아남든 아무 차이가 없다. 난 죽지만 내 유전자는 살아남는다. 유전자는 영원하지만 유전자가 잠깐 머물던 나라는, 나약한 몸과 정신은 버려지는 것이다.

모든 죽음은 의미가 있다. 아니, 의미 없는 죽음이란 존재하지 않는다. 죽음을 통해 기억이 만들어지고, 죽음을 통해 유전자가 남는다. 죽음은 삶의 의미를 만들어낸다. 그렇다면 만약 죽음이 죽는다면? 의학, 과학의 발전으로 세포들이 영원히 재생 가능하다면? 뇌과학의 발달로 내 뇌의 모든 기억과 정보를 다른 뇌나 컴퓨터에 업로드할 수 있다면? 죽어가는 내 몸에서 잘라낸 내 머리를 젊고 건강한 새로운 몸에 이식할 수 있다면? 죽음이 삶의 의미를 가능하게 한다면, 죽음의 죽음은 의미의 죽음을 의미한다. 무의미한 죽음이 가능하게 하는 '의미 있는 삶'과 삶의 의미를 불가능하게 만들 '죽음의 죽음', 우리는 무엇을 선택해야 할까?

살아 있는 70억 명의 사람들과
이미 죽은 1000억 명의 잊힌 사람들.
우리는 언제나 잊힌 죽은 자들에게 둘러싸여 있다.

Part 02

생각수술

Brain Science Adventures

06

–

생각수술

—

10년 전인가? 짐 캐리와 케이트 윈즐릿 주연의 〈이터널 선샤인〉이란 영화가 있었다. 내용은 이렇다. 남자와 여자가 만나 사랑하게 되지만, 어느새 사랑은 식어 두 사람 모두를 괴롭히는 아픔으로 변한다. 헤어지기로 결심한 둘은 아픈 사랑의 기억을 지우는 수술을 받는다. 하지만 세월이 지나 우연히 다시 만나게 된 남자와 여자는 도로 사랑에 빠진다.

성폭행, 교통사고, 왕따, 사업 실패…… 우리에게 평생 아픔을 남기는 기억들이다. 할리우드 영화에서처럼 이런 괴로운 기억들을 지

나는 내 기억의 합집합이라고 했다. 기억, 즉 생각을 수술할 수 있다면
나도 달라질 수 있을까

울 수 있다면? 20세기의 가장 큰 혁신 중 하나인 인터넷을 개발해 일반인에게도 잘 알려진 미 방위고등연구계획국DARPA에서 얼마 전 인간의 기억을 지우고 복원할 수 있는 기술 개발에 400억 원 이상을 투자하겠다는 계획을 발표했다.

이라크, 아프가니스탄 같은 전쟁터에서 돌아온 수많은 군인은 '외상성 뇌 손상Traumatic Brain Injury'을 통한 기억상실에 시달린다. 이와 반대로 많은 군인은 전투 현장에서 경험한 잔인한 기억으로 평생 괴로워하기도 한다. 캘리포니아 주립대 이츠하크 프라이드 교수가 주도할 RAMRestoring Active Memory, 활동 기억 복원 프로젝트는 전기적 자극을 줄 수 있는 마이크로칩을 뇌에 직접 이식해 '나쁜' 기억을 지우고 중요한 기억을 복원하겠다는 구상이다.

기억이란 무엇인가? 현대 뇌과학은 신경세포와 세포들 사이 시냅스의 전기적 신호로 만들어진 시공간적 패턴을 통해 기억이 만들어지고 저장된다고 가설한다. 신경세포들의 전기적 패턴을 지우거나 방해하면 기억을 지울 수 있고, 패턴을 재생하면 기억을 복원할 수 있을 거라는 말이다.

강남의 대부분 건물마다 '예쁜 코, 얼굴, 가슴'을 만들어준다는 성형수술 광고가 붙어 있는 '성형공화국' 대한민국. 만약 머지않은 미래에 인간의 기억 역시 지우고 교정할 수 있다면, 대한민국에는 "예쁜 생각만 남겨두세요!" 하며 조금이라도 불편하거나 아픈 기억은 모조리 지워주겠다는 '생각수술' 병원으로 가득차지 않을까 걱정해본다. 그리고 한 가지 궁금해진다. '나쁜' 기억을 지우고 '좋은' 기억만 남기는 것이 가능해진다면, '나쁜' 마음은 없애고 '좋은' 마음만 남기는 것도 가능할까? 다시 말해 '악'이 사라지고 '선'으로만 가득찬 사회도 가능할까?

인간 세상의 선과 악

추운 겨울밤이었을까? 아니면 무더운 여름밤? 좁지만 아늑한 방에서 아빠와 엄마, 딸은 웃으며 대화를 나누고 있었다. 월급 받으면 새 옷을 사주겠다고, 일요일엔 다 함께 동물원에 가자고, 딸은 커서 아빠 같은 남자랑 결혼하고 싶다고. 그런데 갑자기 세 남자가 방에 들이닥친다. 활짝 열린 창문을 넘어 말이다. 냉담하게, 아무 말 없이 남자들은 아빠를 고문하고 엄마를 강간한다. 은행원 같은 옷차림을 한 남자는 목매달려 발버둥치는 아빠의 손을 비튼다. 소란 피우지 말고 빨리 죽기나 하라고! 아빠가 아무리 버둥거려봐야 소용없다. 딸은 남자 왼팔에 잡혀 이 모든 것을 바라봐야만 했다. 아이에겐 앞으로 무슨 일이 벌어질까?

독일 '신 즉물주의Neue Sachlichkeit' 화가 막스 베크만의 작품 〈밤〉이 그리는 풍경이다. 왜 가족은 이렇게 처참한 죽음을 당해야 할까? 남자들은 누구이며, 그들은 왜 이런 악마 같은 짓을 저지르는 것일까? 이들의 사악함은 어디서 오는 것일까? 인간의 사악함, 베크만은 누구보다도 잘 알고 있었다. 100년 전 여름, 수백만 명의 프랑스·러시아·영국·독일 청년들은 환호와 웃음 아래 전쟁터로 향했다. 그리고 그들 모두 굳게 믿었다. 길어야 두 달이면 전쟁은 끝날 거라고. 자신은 선하고 상대는 악하기에, 정의는 당연히 자신들의 편이라고. 말끔한 은행원 같은 모습의 중산층 서민이던 막스 베크만 역시 군대에 지원해 위생병으로 일한다.

하지만 베크만이 경험한 전쟁은 모두의 생각처럼 '선하거나 화려한' 전쟁이 아니었다. 긴 총검을 앞세운 군인들은 서로 팔짱 낀 상태의 팔랑크스phalanx 형태를 유지하며 전진했다. 그들은 잊었던 건가? 이미 19세기 말에 분당 500발씩 쏠 수 있는 '맥심Maxim' 기관총이 발명됐다는 사실을? 헬멧도 위장도 없이 기관총과 대포를 향해 진격하던 보병들. 1916년 7월에서 11월까지 진행된 '솜 전투'에서만 무려 100만 명의 군인이 목숨을 잃는다. 맥심 기관총에 맞아 죽어가는 병사들은 위생병 베크만에게 살려달라고 부르짖었을 것이다. 터진 배에서 튀어나온 내장은 병사의 목을 졸랐다. 뒤틀리는 팔다리를 잡아주는 것 외엔 아무것도 해줄 수 없었던 위생병 베크만은 빌었을지도 모른다.

"소란 피우지 말고 차라리 빨리 죽으라고. 아무리 발버둥쳐봐야 소용없다고……"

라시드 알 딘의 〈바그다드의 포위 공격〉

식민지! 기관차! 만물박람회! 문명의 절정에 서 있다고 믿었던 유럽의 모든 베크만들은 '문명'이라는 종이보다 얇은 껍질 아래 감춰졌던 인간의 역겨운 진실을 보게 된다. 튀어나온 내장, 살육, 무의미한 좌절……

어디 제1차 세계대전뿐이겠는가? 1258년 칭기즈 칸의 손자 훌라구 칸은 15만 대군을 이끌고 바그다드를 함락하는 데 성공한다. 이슬람 역사상 가장 찬란했던 아바스 왕조의 수도 바그다드, 100만 명 넘는 시민, 셀 수 없는 모스크, 상점, 궁전, 그리고 왕실에 있던 '지혜의 집Bayt al-Hikma'.

『아라비안나이트』의 주인공으로도 유명한 칼리프 하룬 알라시드가 설립한 '지혜의 집'은 당시 세계 최고의 대학이자 연구소였다. 여기엔 이슬람어·페르시아어·산스크리트 원서들뿐 아니라 서유럽에선 이미 오래전에 사라진 그리스와 로마의 철학·과학·의학서적들이 보관돼 있었다. 종교·민족·나이 차별 없이 모든 학자에게 열려 있던 '지혜의 집'. 항복하라는 훌라구의 명령을 따르지 않았던 바그다드의 운명은 처참했다. 100만 명 가까운 시민이 학살당하고 수백 년 넘은 궁전, 모스크와 함께 '지혜의 집' 역시 흔적도 없이 사라진다. 시체들의 피로 이미 붉어진 티그리스 강물은 강에 던져진 고서 수십만 권의 잉크로 인해 다시 검은색으로 변했다고 한다.

터키 소설가 오르한 파무크의 책 『내 이름은 빨강』에 등장하는 바그다드의 화가. 모스크 탑에 숨어 간신히 목숨을 건진 화가는 일주일 동안 밤낮으로 벌어지는 지옥 같은 장면을 보게 된다. 자신의 친구, 스승, 제자의 죽음을 보면서도 아무것도 할 수 없었던 화가는 신에게 울부짖는다. 제발 저 짐승 같은 훌라구의 병사들이 사라지게 해달라고! 내가 믿는 당신이 진정으로 존재한다면 제발 지금 일어나는 일들이 현실이 아니게 해달라고! 그것이 불가능하다면 내 눈으로 내 아내와 아이들의 목이 잘리는 모습만은 보지 않게 해달라고.

하지만 신은 대답하지 않았고 화가는 그 모든 것을 보게 된다. 보지 않으려고 고개를 숙이고 눈을 감아봤지만 보지 않을 수 없었다. 그 모든 장면을 말이다. 결국 그는 마지막 기도를 한다. 내 눈을 멀게 해달라고. 저 아래에서 벌어지는 장면들을 보지 못하도록. 하지

만 눈이 멀기는커녕 더 멀리, 더 섬세히, 더 참혹한 장면들을 보고야
마는 화가는 결국 자신의 손으로 스스로 눈을 멀게 한다.

인간은 정말 선악 간 영원한 싸움의 희생양인가

군인들의 채찍, 이마를 찌르는 가시관, 손발을 뚫는 무시무시한
대못들, 그리스도의 수난과 죽음을 통해 인류가 구원됐다고 믿어볼
수 있겠다. 하지만 반대로 인간의 수난을 통해 얻는 건 무엇인가?
물론 페르시아의 예언자 마니가 주장했듯이 "선과 악은 그냥 빛과
어둠같이 우주의 두 가지 본질적 원소들"이라 생각해볼 수 있다.

파르티아 제국의 수도 크테시폰 근처에서 태어났다는 마니는 선
과 악의 독립성을 깨닫고 인도에서 힌두교를 공부한다. 고향으로 돌
아와 조로아스터교·힌두교·기독교·유대교를 혼합한 '마니교'를 만
들고 그는 주장한다. 선이 악을 완전히 소멸시킬 수 없고, 악이 선을
소멸시킬 수 없기에 인간은 이 독립적인 둘 간의 영원한 싸움의 희
생양이라고. SF영화 〈스타워즈〉에서 들어본 말이기도 하다.

마니의 신은 악을 이길 수 없는 존재지만, 신은 당연히 전능하고
전지하고 자비로우셔야 하지 않는가? 여기서 문제가 하나 생긴다.
세상에 존재하는 악을 원하지 않지만 허락해야 한다면, 신은 전능하
지 않다. 거꾸로 악을 막을 수 있지만 막지 않는다면, 신은 자비롭지

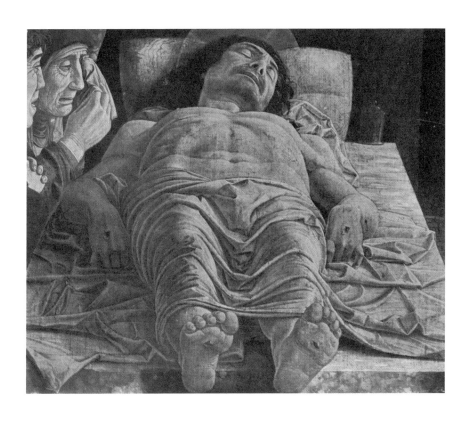

이탈리아 화가 안드레아 만테냐의 작품,
수난과 죽음을 통해 인류를 구원한 〈죽은 그리스도〉

않다. 악을 막지도 못하고 악을 원하기까지 한다면, 우리가 믿는 신이 아닐 것이다. 악을 원하지도 않고 막을 수도 있기에, 우리가 굳게 믿는 신이시다. 그렇다면 신이 존재하는데 어떻게 세상에 악이 존재할 수 있는가? 결국 신과 악이 동시에 존재하는 것은 논리적으로 불가능하다는 이 문제는 17세기 독일의 철학자 라이프니츠를 통해 '신정론theodicy, 神正論'이라 불리게 된다. 신정론의 답은 무엇일까? 우선 교부敎父 아우구스티누스와 중세기 이탈리아 신학자 토마스 아퀴나스의 '말장난' 방식을 사용해볼 수 있겠다.

'악'이란 사실 독립적 존재가 아니라고. '보지 못한다'가 '볼 수 있다'는 사실의 '부족함'이듯, 악이란 단순히 '선의 부족함'이기에 세상에 독립적 악은 존재하지 않는다는 말이다. 하지만 '악'이라 불리든 '선의 부족함'이라 불리든, '하하 호호'라 불리든 무슨 상관이겠는가. 이 정도 말장난으로 만족할 라이프니츠가 아니었다. 그렇다면 자유의지를 가진 인간에게 선택의 자유를 주기 위해 '악'이 존재하는 것일까? 괴테의 『파우스트』에서 악마 '메피스토펠레스'가 노래하지 않았던가. 자신이야말로 "언제나 악을 원하지만 결국 선을 달성하는 힘의 한 부분"이라고. 그렇다면 '선'과 '악'의 싸움은 어차피 '선'의 승리로 끝나게 돼 있는 '짜고 치는 고스톱'이란 말인가? 역시 뭔가 찝찝하다.

다시 한번 생각해보자. 상상할 수 있는 우주의 개수는 무한하다. 하지만 실질적 우주는 단 하나뿐이다. 신은 전능하시고 자비로우시

De temps en temps j'aime a voir le vieux Père,
Et je me garde bien de lui rompre en visière

외젠 들라크루아가 그린 메피스토펠레스

다. 그렇다면 이 단 하나의 우주는 이미 상상할 수 있는 모든 우주 중 가장 뛰어난 우주일 것이다. 라이프니츠는 고로 결론 내린다. 악을 포함한 우리의 우주는 이미 상상할 수 있는 모든 우주 중 가장 최고라고.

굶주림과 학살, 전쟁과 재난, 끝없는 노동과 죽음, 이런 세상이 상상할 수 있는 세상 중 최고라고? 프랑스의 철학자 볼테르는 '팡글로스Pangloss(pan=모든, glotta=혀, 고로 '우주 최고의 혀놀림쟁이'란 뜻) 박사'란 철학자에게 "우리는 이미 상상 가능한 세상 중 최고의 세상에 살고 있다"는 놀랄 만한 사실을 들은 주인공의 삶을 그린 소설 『캉디드』를 통해 라이프니츠의 철학을 비판하기도 했다. 그렇다. 십자군 전쟁, 훌라구의 바그다드 학살, 두 번의 세계대전, 난징 대학살, 600만 명의 유대인 학살을 경험한 우리는 라이프니츠에게 물어볼 권리가 있다.

"이게 최선입니까? 확실해요?"

물론 우리가 사는 우주가 '최고'일 이유는 없다. 아니 '최고의 우주'란 개념 자체가 존재할 필요도 없다. 하지만 적어도 라이프니츠가 상상하던 '무한으로 가능한 우주들'이야말로 현대 우주론이 가설하는 '다중우주Multiverse'와 같은 의미이지 않을까? 138억 년 전 빅뱅 이후 급팽창한 우주는 다중우주를 만들어냈으며, 양자역학적으로 가능한 모든 결과는 결국 독립적인 다른 세상이나 우주에서 현실화된다는 가설이다.

이 글을 쓰고 있는 나, 이 글을 읽고 있는 나, 우주의 왕인 나, 지구 최고의 거지인 나, 사이비 종교를 창시하는 나, 죽어가는 누군가의 손을 비트는 나, 이미 오래전에 죽은 나. 모든 게 가능하기에 그어느 것도 의미 없는 다중우주가 우리 존재의 진정한 정체성이라면? 과연 선과 악의 차이는 무엇일까?

'나쁜 기억'을 지우고 '좋은 기억'만 남기는
생각수술이 가능해진다면,
'나쁜 마음'은 없애고 '좋은 마음'만 남기는 것도
가능할까?

07

—

기억하는 과거
vs
경험한 과거

in Wonderland

—

먹고살 걱정 없이 부모님 보호 아래 자라던 어린 시절, 첫사랑과
의 달콤한 추억, 새로운 직장에 출근하며 희망찬 미래를 꿈꾸던 첫
날…… 우리는 대부분 지난날의 아름다운 추억들을 기억하며 한탄
하곤 한다.

예전엔 모든 게 더 좋았다고, 삶도 덜 빡빡하고, 사람들 사이의
인정도 더 많았고, 더 행복했었다고. 하지만 과거가 그렇게 좋기만
했을까? 우리가 기억하는 과거가 정말 우리가 경험한 과거와 일치
할까?

우리는 과거를 '기억'하는 게 아니다

얼마 전 미국 노스웨스턴 대학 연구팀은 뇌가 과거 기억을 계속 편집한다는 결과를 소개해 화제를 모았다.

첫번째 실험에서 연구팀은 피험자들에게 컴퓨터 화면 속 여러 위치에 있는 168가지 물건을 기억하게 했다. 이때 새로운 물건이 나타날 때마다 배경화면 역시 '사막' '해변가' '정글' 같은 새로운 그림들로 변했다.

두번째 실험에선 전에 보지 못했던 배경화면에 물건을 다시 원래 제 위치에 올려놓도록 했다. 워낙 다양한 물건을 기억해야 했기에 대부분 피험자는 이때 물건을 원래 위치가 아닌 새로운 장소에 올려놓는 실수를 했다.

마지막 실험에선 다시 처음 보았던 배경화면에 물건을 세 가지 장소, 즉 ①원래 위치 ②두번째 실험 당시 피험자가 잘못 골랐던 위치 ③랜덤으로 선택된 새로운 위치를 보여줬다. 그리고 피험자에게 물어봤다. 맨 처음 물건을 봤던 위치는 어디였냐고.

결과는 확실했다. 피험자들은 항상 자신이 잘못 선택했던 두번째 위치를 물건의 원위치로 착각하고 있었다.

기억은 비디오테이프도, 컴퓨터 하드디스크도 아니다. 한번 저장된 정보를 필요할 때 다시 꺼내오는 게 아니다. 우리는 과거를 기억하는 게 아니다. 기억은 항상 업데이트된다. 지금 이 순간의 경험,

느낌, 생각이 우리의 과거를 계속 편집하고 있으며, 현재의 변화가 클수록 우리의 과거 역시 더 많이 편집된다.

새로운 기억 만들기

기억이 우리의 뇌에 의해 편집되고 있다면, 반대로 우리의 뇌를 조정함으로써 새로운 기억을 만들어내는 것도 가능할까?

우리가 매일 경험하는 일이다. 조금 전만 해도 기억과 생각으로 복잡하던 머리가 갑자기 '어두워지기' 시작한다. 눈은 감겨오고 생각이 끊기기 시작한다. 노력해도 소용없다. 우리는 어느새 잠들고, 눈을 다시 뜨면 이미 다음날 아침이다. 그리고 지난 7, 8시간 동안 무슨 일이 있었는지 기억할 수 없다. 매일 7, 8시간을 의식도 생각도 없는 '좀비'로 사는 것이다. 고양이, 강아지, 북극곰, 박쥐, 돌고래도 적잖은 시간을 수면 상태로 보낸다. 왜 이런 긴 시간을 잠자며 보내는 것일까?

현대 뇌과학에선 기억과 학습을 수면의 주요 기능 중 하나로 본다. 낮에 경험 또는 학습한 정보가 장기 기억에 저장되기 위해선 꼭 잠을 자야 한다. 밤샘 공부야말로 뇌과학적으로 볼 때 가장 큰 실수다. 특히 수면 상태 때 해마의 역할은 흥미롭다. 해마에 자리잡은 신경세포들은 공간적 위치 관련 정보를 처리한다고 알려져 있다. 맷

수면 상태인 뇌의 특정 영역을 잘만 자극하면
미래 행동을 결정할 수 있다

윌슨 MIT 교수 연구 결과에 따르면 공간적 경험을 할 때 관찰할 수 있는 신경세포들의 작동 패턴들이 수면 상태 때 다시 반복된다고 한다. 그렇다면 만약 수면 상태의 신경세포들을 내가 원하는 대로 조작할 수 있다면 내가 원하는 정보를 입력할 수 있지 않을까?

카림 벤처닝 프랑스 국립연구원CNRS 박사팀은 최근 바로 이런 실험에 성공했다. 우선 쥐의 해마 뉴런들이 반응을 보이는 공간적 위치를 측정한다. 그다음 뉴런들이 이 특정 위치에 대한 반응을 보일 때마다 '보상 신호'를 만들어주는 뇌 영역을 자극한다. 이때 실험 대상 동물들을 두 그룹으로 나눠 비교 그룹은 낮에만, 실험 그룹은 수면 상태에서만 자극을 준다.

결과는 확실했다. 수면 상태에서 자극을 받은 동물들은 깨자마자 바로 보상 신호와 연결된 특정 위치로 달려갔다. 수면 상태인 뇌의 특정 영역을 잘만 자극하면 미래 행동을 결정할 수 있다는 말이다! 우리 인간의 뇌도 이런 식으로 제어할 수 있을까? 지금은 불가능하지만, 영원히 불가능할 본질적 이유도 없어 보인다.

우리는 과거를 기억하는 게 아니다.
기억은 항상 업데이트된다.
지금 이 순간의 경험, 느낌, 생각이
우리의 과거를 계속 편집하고 있다.

08

—

'잊음'이라는
만병통치약

in Wonderland

—

누구나 한 번쯤 경험했을 일이다. 다들 잠든 새벽, 어제 너무 늦게 커피를 마신 탓일까? 아니면 너무 많이 먹은 야식 때문일까? 다시 잠들기에는 이미 너무 늦었지만 일어나기엔 여전히 이른 시간, 눈이 번쩍 떠지며 자신도 모르게 미래에 대한 막연한 불안과 과거에 대한 후회에 시달린다.

'왜 그때 더 당당하지 못했을까? 왜 그녀에게 사랑한다는 말을 못 했을까? 왜 그 당시에 그렇게도 비굴했을까?'

결국 우리는 답 없는 수많은 질문을 떠올리다 '이불 킥' 한 방을

차며 하루를 시작하곤 한다.

인생과 TV의 차이는 무엇일까? 대부분 삶에는 그다지 특별한 일들이 일어나지 않는다는 점이다. 동네 빵집 주인이 재벌 2세일 리 없고, 아무리 부모님에게 물어봐도 출생의 비밀은 눈곱만큼도 없다. 우리는 그냥 평범한 부모의 평범한 자식, 평범한 아이들의 평범한 부모일 뿐이다.

그래서일까? 유별나게 행복하지도 불행하지도 않은 인생 대부분을 가끔 바늘같이 찌르고 들어오는 아픔, 좌절, 죽음의 기억은 우리를 그만큼 더 괴롭게 한다. 하지만 여기에도 희망은 있다. 인간에게는 '잊음'이라는 만병통치약이 있기 때문이다. 연인과 헤어져 하늘이 무너질 것 같지만, 얼마 지나서 바라본 하늘은 여전히 자리를 잘만 지키고 있다. 말 한마디 못하고 바보같이 당하기만 했던 치욕도 시간이 지나면 남의 이야기처럼 할 수 있게 된다.

세계적으로 화제인 영국 드라마 〈블랙 미러〉. 기술 발전을 통해 변해가는 인간의 모습을 담은 이 드라마에선 우리가 보고 듣는 모든 것이 녹화되는 세상이 그려진다. '라이프로깅 lifelogging'이라 불리는, 이미 많은 학교와 기업이 연구중인 이 기술이 보편화된 세상에서 '잊음'이란 존재하지 않는다. 더이상 말싸움이 필요 없다. 녹화된 장면들로 바로 검증 가능하니 말이다. 하지만 과거의 상처를 끝없이 재경험하기에 너그러움도, 용서도 불가능해진다. 그렇다. 완벽할 수 없는 우리 인간은 잊을 수 있기에 오늘도 완벽함을 꿈꿀 수 있는 것이다.

절대 잊을 수 없는 기억, 트라우마

하지만 만병통치약조차 통하지 않는, 절대 잊을 수 없는 기억도 분명 존재한다. 이른바 '트라우마'다.

전쟁, 학살, 가난, 쓰나미, 세월호…… 아무도 우리에게 "이런 세상에 태어나겠느냐"고 물어본 적 없다. 선택의 기회 없이 우리는 '우연히' 지구, 대한민국, 이 시간, 이곳에 있을 뿐이다. 선택도, 동의도 없이 태어난 이곳엔 이미 사회, 정부, 역사, 그리고 부모의 능력이란 '게임의 법칙'들이 정해져 있었다. 누구는 '우연히' 직원에게 폭언을 하는 등 자신의 권력을 행사할 수 있는 자리로 태어났고, 누구는 '우연히' 어떤 수모라도 참아내야 하는 환경으로 태어났다.

죽음도 크게 다르지 않다. 동의도, 허락도 없이 어느 날 다시 우연히 소멸되는 것이 인간이니 말이다. 물론 우주는 무한으로 크고 인간은 끝없이 작다. 인간 없이도 우주는 수백억 년 동안 존재했다. 우리가 사라진 후에도 우주는 잘만 굴러갈 것이다. 우연한 탄생과 우연한 죽음이란 두 '고리' 사이에 매달린 실 하나일 뿐인 인생. 그렇기에 우리는 언제나 전통과 규칙과 종교를 통해 존재의 필연성을 매번 확인받고 싶어하는지도 모른다.

"평화로울 때는 아들이 아버지의 장례를 치르지만, 전쟁 때는 아버지가 아들의 장례를 치른다."

고대 그리스 역사학자 헤로도토스의 말이다. 죽음 그 자체는 무의미한 우연의 결과라지만, 죽음의 순서만큼은 인간이 포기할 수 없는 마지막 자존심이다. 먼저 태어난 자가 먼저 죽는다, 그것이 만물의 법칙이며 사회의 계약이다. 그런데……

2014년 세월호, 수많은 대한민국의 아버지들이 아들의 장례를 치렀다. 수많은 대한민국의 딸들이 어머니보다 먼저 죽었다. 우주와 사회로부터 받았던 '약속'의 배신. 스위스 정신과 의사 엘리자베스 퀴블러 로스는 자신 또는 사랑하는 사람의 죽음을 받아들이는 과정을 5단계로 나눴다. 먼저 부정('그건 거짓일 거야!')과 분노('왜 하필이면 나에게 이런 일이!')로 시작해, 타협('그날 보내지만 않았더라면……')과 우울('나는 이제 무엇을 위해 살아야 할까?')을 통해 마지막으로 그 트라우마적인 사실을 수용하게 된다는 가설이다. 그렇다면 트라우마란 과연 무엇인가?

유대인 수용소를 경험한 이탈리아 작가 프리모 레비는 제2차 세계대전이 끝난 후 수십 년 동안 끝없이 반복되는 악몽과 기억에 시달린다. 짐승보다도 못한 대우를 받으면서도 살기 위해 바둥거렸던 레비, 전쟁이 끝나고 최고의 소설가가 되었지만 레비는 결국 죽음을 택한다. 2001년 9·11 테러를 경험한 사람들 역시 여전히 기억상실,

네덜란드의 화가 코르넬리스 반 하를렘의 작품 〈죄 없는 아이들의 학살〉.
아이들의 죽음은 '먼저 태어난 자가 먼저 죽는다'는 만물의 법칙에 어긋나는 일이다

악몽, 우울증에 시달린다. 뉴욕의 쌍둥이 빌딩(세계무역센터)에서 일하던 자식, 부모, 남편, 아내를 잃은 많은 사람은 퀴블러 로스의 '수용'과는 여전히 먼, 슬픔과 후회로 가득찬 삶을 살고 있다.

학살, 전쟁, 테러, 고문, 성폭행, 자식의 죽음…… 인간이 겪을 수 있는 최악의 경험엔 공통점이 하나 있다. 바로 경험이 끝나지 않는다는 점이다.

세상은 보통 지독할 정도로 선형적이다. 과거가 현재를 만들었고 현재는 미래를 만든다. 하지만 트라우마를 경험한 뇌는 다르다. 과거, 현재, 미래가 모두 송두리째 단 한 번의 순간으로부터 영원한 지배를 받게 되니 말이다. 아이의 죽음을 처음 알게 된 그 순간, 내 눈으로 내 팔다리가 잘리는 모습을 목격한 그 순간, 유대인 수용소에서 죽음의 두려움에 떨던 그 순간…… 영원히 반복되는 그 순간이 미래, 현재, 과거를 하나로 묶어버리기에 삶도, 시간도 더이상 흐르지 않는다. 망가진 카세트에서 끝없이 음악이 반복되듯 트라우마를 경험한 뇌는 경험하고 싶지 않았던 그 한순간을 영원히 반복해 재생할 뿐이다.

세상은 끝없이 많고 복잡한 정보들의 합집합이다. 이 많은 정보를 인간의 1.5킬로그램짜리 작은 뇌가 실시간으로 받아들이고 처리하며 이해하기엔 한계가 있다. 모든 경험을 있는 그대로, 왜곡하지 않고 기억한다는 것은 불가능하단 말이다. 그렇다면 기억한다는 것

불안은 영혼을 잠식하고, 트라우마는 삶을 지배한다

은 언제나 무언가가 왜곡되고 압축돼야 한다는 말과 동일하다.

'순간'이란 경험을 압축하고 왜곡하는 과정은 해마라는 뇌 영역을 통해 이뤄진다고 많은 전문가가 믿는다. 우리가 경험하는 많은 순간은 우선 '기억할 가치가 있는' 정보와 '기억할 필요가 없는' 정보로 나뉜다. 이때 나눔의 기준은 무엇일까? 많은 기준이 가능하겠지만 대부분 '예측 코드predictive coding'를 통해 분류된다는 가설을 세울 수 있다.

예측 코드란 무엇인가? 뇌(특히 대뇌피질)의 핵심 기능 중 하나는 미래 예측이다. 과거 경험을 통해 앞으로 일어날 일들을 예측할 수 있으면, 당연히 새로 들어오는 정보를 더 쉽고 편리하게 처리할 수 있다. 내가 가는 곳이 농구장인지 축구장인지 알고 가면 모르고 가는 것보다 더 빨리, 더 적절히 준비할 수 있을 테니 말이다. 이와 비슷하게 계단을 내려갈 때 뇌는 이미 계단의 높이를 예측해 다리 관절들을 제어한다. 가끔 다른 계단보다 더 높거나 더 낮은 계단을 밟을 때 헛디디는 상황을 생각해보면 되겠다. 뇌는 앞으로 보일 것, 들릴 것, 느껴질 것, 경험하게 될 것 등을 예측한다.

끝없는 예측을 통해 뇌는 '예측한 세상'과 '경험하는 현실'의 차이를 계산한다. 예측과 현실에 차이가 없다면 그 정보는 무의미하다. '난 인간이다' '좋은 것은 좋다' '단것은 맛있다' 같은 정보들은 충분히 예측 가능한 무의미한 정보이기에 특별히 기억할 필요가 없다. 그렇다면 반대로 트라우마야말로 일상적인 삶을 사는 인간이 기대하기

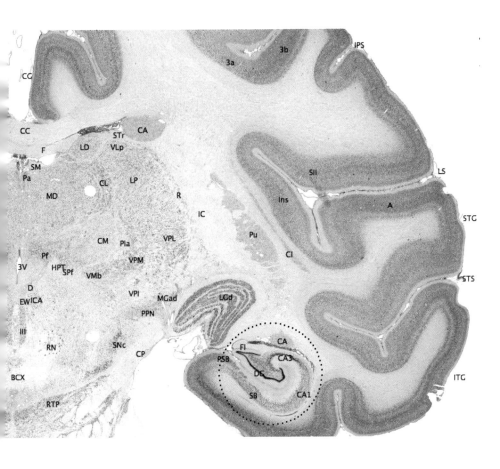

어두운 보라색으로 표시된 부분이 대뇌피질이다

가장 어렵고, 예측할 수 없는, 그렇기에 가장 강한 기억을 남기는 경험이라는 결론을 내릴 수 있다.

아침에 인사하고 나간 아이가 갑자기 죽을 것이란 예측을 누가 하겠는가? 전쟁 전에 멀쩡히 중산층 화학자로 살던 프리모 레비가 유대인 수용소에서 벌레 같은 삶을 살 것이라고 예상했을 리 없다. 혹독한 훈련을 받은 특수부대 요원 역시 자신의 팔다리가 잘리리라고 상상할 수 없었을 것이다.

뇌의 예측과 현실의 가장 큰 차이, 만약 그것이 트라우마의 정체라면 트라우마는 그 어느 경험보다 더 많은 '정보'를 갖고 있다. 아니, 어쩌면 예측과 현실의 차이가 너무나도 크기에 뇌가 도무지 감당할 수 없는 수준의 정보와 기억을 남기는지도 모른다. 너무 밝은 빛에 노출된 카메라로는 더이상 아무것도 구별할 수 없는 것처럼 트라우마는 뇌에 다양한 손상을 끼친다. 기억을 만들어내는 해마, 감정을 조절하는 편도체amygdala, 그리고 판단력을 좌우하는 전두엽prefrontal cortex 등 다양한 뇌 영역의 조직적·기능적 구조 그 자체가 변하기에 트라우마는 단순히 시간이 해결해줄 수 있는 문제가 아니다.

우선 슬픔을 인정하는 게 중요하다. 슬프고, 우울하고, 분노하고, 지극히 당연한 반응이다. 창피할 일도 숨길 일도 아니다. 그리고 천천히 다시 뇌의 예측과 현실이 일치하도록 노력해야 한다. 반복된 절차, 일상적인 일과, 오래전부터 알던 친구들…… 트라우마, 즉 세상과 뇌의 기대치 간의 극도화된 불일치 때문에 감정적·인지적으로 '얼어버린' 뇌를 녹이고 다시 세상과 교류하도록 치유해야 한다. 반대로 경험해보지 못한 상황, 급격한 감정의 폭, 단순한 답이 불가능한 끝없는 질문들, 이 모두 트라우마를 극복하는 데 그다지 유용하지 않아 보인다.

종교와 정부의 분리, 권력과 돈의 분리, 나 자신이 선호하는 것과 사회 전체에 중요한 것과의 분리, 그리고 피해자와 심판하는 자와의 분리. 이처럼 문명의 역사는 어쩌면 분리의 역사라고도 할 수 있겠다. 피해자의 아픔을 이해하지 못해서가 아니다. 아픔과 상처를 이제 그만 잊으란 말도 결단코 아니다. 피해자의 아픔과 상처를 잘 기억하지만 같은 상처를 또다시 받지 않기 위해선 어쩌면 감정보다는 이성, 분노보다는 차분함, 과거보다는 미래가 더 중요할 수 있다는 말일 뿐이다.

인간이 겪을 수 있는 최악의 경험엔 공통점이 하나 있다.
바로 경험이 끝나지 않는다는 점이다.
과거, 현재, 미래 모두 송두리째 단 한 번의 순간으로부터
영원한 지배를 받게 된다.

09

—

세상이라는 '갑',
개인이라는 '을'

—

내가 태어났을 때 세상은 이미 존재했다. 덕분에 태어난 순간 '지구' '대한민국' 그리고 우연히 만들어진 '가족'의 규칙과 상황은 이미 정해져 있었다. 갓 태어나 아직 미완성된 뇌를 가진 우리는 동의 없이 정해진 이런 규칙들을 변치 않는 진리로 받아들였을 뿐이다. 그리고 우리는 평생 노력한다. 내가 정하지도 않은 '인간의 삶'이라는 게임을 최대한 잘하려고. 결국 세상은 항상 '갑'이고 개인은 세상이라는 갑에 맞춰 살아가야 하는 '을'이라고 할 수 있다.

삶은 무엇일까? 적어도 뇌과학적으로 삶의 대부분은 기억이다.

현재는 한순간뿐이고 미래는 아직 존재하지 않지만, 기억만큼은 우리가 갖고 있으니 말이다. 그렇다면 기억은 현실과 경험을 있는 그대로 보존하는 것일까? 물론 아니다. 앞서 말했듯 몸과 마음의 상태, 경험, 교육, 상황…… 수많은 변수에 따라 기억은 왜곡될 수도, 사라질 수도 있다. 특히 기억된 인생의 길이는 뇌의 샘플링 속도에 좌우된다. 어린 뇌는 세상을 더 자주 인식(샘플링)하기에 세상을 '슬로모션'으로 기억하지만, 나이들어 샘플링 속도가 떨어지면 세월이 더 빠르게 흐르듯 느껴진다.

그렇다면 노화된 뇌의 속도를 어린아이 수준으로 올릴 수 있다면 삶을 다시 '슬로모션'으로 기억할 수도 있겠다. 먼 미래에는 최첨단 장비나 화학 물질을 사용해 뇌의 속도를 바꿔놓을 수도 있겠지만, 현재 우리가 사용할 수 있는 가장 확실한 방법은 집중과 몰입뿐이다.

지금 이 순간의 나를 '미래의 내가 기억하는 과거의 나'라고 상상해보자. 미래의 내가 과거를 떠올릴 때 지금 이 순간이 소중하게 기억될 것 같다면 집중과 몰입을 하자. 반대로 지금 이 순간이 평생 나에게 괴로운 기억과 아픔을 줄 것 같다면 최대한 집중을 하지 말아보자. 집중한 순간은 기억에서 늘어나지만, 집중하지 않은 순간의 기억은 줄어들거나 사라진다. 아무리 세상이 갑이고 인간은 을이라지만, 집중과 선택을 통해 우리는 적어도 기억에 남는 우리의 인생은 편집할 수 있다.

어렸을 때의 시간과 나이가 들었을 때의 시간은 '인지적'으로 다르게 흐른다

'미래의 나'를 '현재의 나'가 조종할 수 있다?

'현재의 나'를 '미래의 내가 기억하는 과거의 나'라고 상상함으로써, 집중과 선택이 가능하다고 했다. 하지만 반대로 '현재의 나'가 '미래의 나'를 조종할 수도 있겠다.

에후드 바라크, 예루살렘 대학에서 수학과 물리학을 전공하고 스탠퍼드 대학에서 경제공학 석사를 수료했다. 정치인이 되기 전 이스라엘 방위군IDF 참모총장을 지냈으며, 특히 '사예레트 마트칼'이라 불리는 IDF 최고 특공대 대장으로 팔레스타인 테러단 습격에 직접 참가한 것으로 유명하다.

베냐민 네타냐후, MIT에서 건축학과 경영학, 그리고 동시에 하버드 대학에서 정치학을 전공했다. 정치인이 되기 전 이스라엘 방위군에 입대해 사예레트 마트칼 특공대 요원으로 중요 게릴라 작전에 참여했다.

얼핏 보면 비슷한 수준의 지성, 리더십, 국방의식을 가진 준비된 정치인들로 보인다. 하지만 이 둘에겐 적어도 우리 눈에는 특별한 차이점이 하나 있다. 네타냐후는 보수 리쿠드당 대표로 현 이스라엘 총리지만, 바라크는 진보 노동당 대표로 1999년부터 2001년까지 이스라엘 총리였다는 점이다. 그렇다. 고향에서 추방돼 2000년간 떠돌아다니며 수많은 차별과 학살을 경험한 유대인들, 그들이 역사에서 배운 건 바로 이거다.

'내 문제를 남이 대신 풀어줄 거란 착각은 버릴 것, 누구보다 뛰어난 자신의 실질적 능력을 키울 것, 그리고 본질적으로 필요한 것과 나 자신이 개인적으로 선호하는 것을 확실히 구별할 것.'

건강하고, 돈 많이 벌고, 의미 있는 일도 하고, 여행도 많이 다니고…… 대부분 사람이 원하는 삶일 것이다. 물론 당연하다. 아프고, 가난에 쪼들리고, 의미 없는 일만 하다 죽는 인생은 아무도 원하지 않을 테니 말이다. 우리에게는 분명히 원하는 것과 원하지 않는 것이 있다. 그리고 사회적·경제적·정치적으로 자유롭게 선택할 수만 있는 상황이라면, 당연히 자신이 선호하는 것을 선택한다. 선택은 실천된 선호도라는 뜻이다.

그렇다면 우리의 선호도는 어디서 오는 것일까? 유전, 교육, 친구, 환경, 전통, 종교, 사회…… 선호도를 좌우하는 수많은 원인을 생각해볼 수 있다. 거기에다 특별한 이유 없이 우연으로 선호하는 것들까지 포함한다면, 인간의 선호도란 필연과 우연의 조합이라고 해석해볼 수 있다. 그렇다면 우리는 영원히 '변치 않는 필연'과 '예측 불가능한 우연' 사이에 얽매여 살아야 하는가?

뇌-컴퓨터 인터페이스, 광유전자, 브레인 리딩 및 브레인 라이팅. 최근 소개된 다양한 뇌과학 결과들에 따르면 머지않은 미래에 어쩌면 우리는 우리 자신의 선호도를 디자인할지도 모른다. 괴롭고 슬픈 과거를 기억에서 지울 수 있겠고, 기술이 더 발전한다면 언젠가는

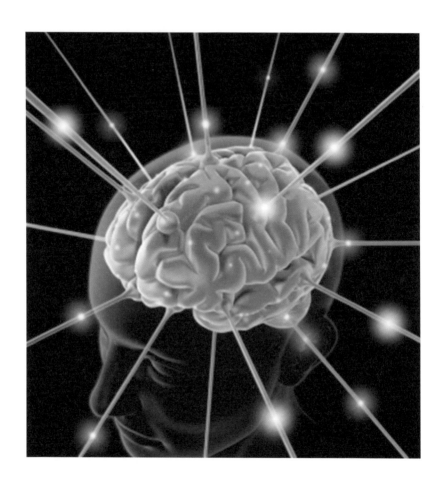

원하는 정보를 뇌에 전달하는 과정을 '브레인 라이팅'이라고 부른다

현실에선 경험하지 않은 일들을 기억에 심어놓을 수도 있겠다. 돈만 많이 낸다면 평생 아늑한 방에 앉아 세계 최고 탐험가의 기억을 누릴 수 있고, 실제로 사랑하지도 않은 여인들과의 연애를 추억 삼을 수 있겠다.

반대로 내가 원하지 않는 것들은 미리 나의 뇌에서 지워버릴 수도 있다. 살을 빼기 위해서 음식에 대한 욕망을 미리 지워버리고, 수능을 잘 보기 위해 놀거나 쉬고 싶은 마음을 사전에 없애버린다. 불타는 애국심을 뇌에 심을 수 있고, 원한다면 특정 민족과 인종에 대한 증오심도 뇌 깊숙이 입력해주면 된다.

우리의 선호도를 우리 자신이 디자인할 수 있게 되는 순간, 미래의 내가 무엇을 원하게 될지 현재의 뇌가 결정할 수 있게 된다. 결국 미래의 나는 더이상 존재하지도 않는 먼 과거의 내가 정해놓은 인생을 살게 된다는 말이다.

우리의 선호도를 우리 자신이 디자인할 수 있게 되는 순간,
미래의 내가 무엇을 원하게 될지
현재의 뇌가 결정할 수 있다.
결국 미래의 나는 더이상 존재하지도 않는
먼 과거의 내가 정해놓은 인생을 살게 된다는 말이다.

10

—

확률적 착시

in Wonderland

기원전 334년, 갓 스무 살이 넘은 마케도니아의 왕 알렉산드로스 3세는 페르시아 제국을 침략하기로 결심한다. 아케메네스 가문의 키루스 대왕이 창시한 페르시아 제국은 메디아, 바빌로니아, 이스라엘, 이집트, 터키를 넘어 기원전 480년 그리스 아테네까지 함락시키지 않았던가? 그런 페르시아를 정복하겠다고? 단순히 한 젊은이의 무모함이었을까? 아니면 끝없는 자신감?

마케도니아의 어린 왕은 페르시아를 넘어 인도, 아프리카, 유럽까지 세상 모든 나라를 정복하려 했다. 하지만 만약 알렉산드로스가 성공 확률을 한 번이라도 냉철하게 계산해보았다면? 당연히 그는 페르시아를 멸망시키겠다는 야심도, 전 지구를 정복하겠다는 꿈도 못 꿨을 것이다.

알렉산드로스뿐만이 아니다. 영원할 것만 같던 중세 왕과 교황의 권력에 대항해 생각과 종교의 자유를 요구하던 사람들, 세계 최강국이었던 영국으로부터 독립을 꿈꾸던 미국 '촌뜨기들', 광부와 간호사 외엔 아무것도 수출할 수 없었던 나라를 세계 10대 무역국으로 만든 사람들…… 모두 자신의 성공 확률을 객관적으로 분석해 행동에 옮겼다면 절대 일어날 수 없었던 일을 벌였다.

일반인과 우울증 환자 중 누가 더 객관적으로 성공 확률을 판단할 수 있을까? 정답은 우울증 환자다. 대부분 운전자들은 자신이 평균보다 운전을 더 잘한다고 믿고, 대부분 교수들은 자신이 평균보다 더 좋은 강의를 한다고 생각한다. 그리고 대부분 창업자들은 자신만은 성공할 거라고 믿는다. 결국 인간의 뇌는 자신의 성공 확률을 언제나 과대평가한다는 말이다. 반대로 우울증 환자들은 이 세상에서 한없이 작은 객관적 성공 확률을 있는 그대로 알기에, 아무 선택도 행동도 못한다.

세상은 험악하고 위험하다. 위험하고 험악한 이 세상에서도 여전히 사랑하고, 희망하고, 미래를 계획하려는 뇌는 위험 불감증과 성공 확률 과대평가라는 착시들을 만들었는지도 모른다. 그리고 인간의 이런 '확률적 착시' 없이는 문명도, 발명도, 혁신도 모두 불가능했을 것이다. 그런데 잠깐! 뇌의 확률적 착시와 별개로 만약 미래가 모두 정해져 있다면 어떨까?

미래에 일어날 모든 것들이 짜고 치는 '고스톱'이라면?

먼 미래 어느 날, '아스가르드'의 문지기 헤임달은 자신의 눈을 믿지 못할 장면을 목격한다. 인간들의 세상인 '미드가르드'와 신들의 세상 '아스가르드'를 연결하는 무지개다리를 건너 끝없이 밀려오는 거인들! 그 무시무시한 거인들의 군대를 지휘하는 로키, 그리고 로키의 자식들인 펜리르와 요르문간드.

그들이 누구였던가? 신과 거인의 세상을 드나들면서 원인도 이유도 없이 세상을 혼란과 무질서에 빠뜨리던 로키! 입 한번 벌리면 땅과 하늘 사이 모든 존재를 삼켜 '무無'로 만들어버릴 수 있는 늑대 펜리르! 이들은 막강한 신 오딘과 토르에게 잡힌 후 절대쇠사슬로 꽁꽁 묶여 깊은 동굴 안에 갇혀 있지 않았던가? 쇠사슬을 푼 로키와 펜리르, 그리고 세상을 한 바퀴 둘러싸고도 자신의 꼬리를 물 만큼 거대한 바다뱀 요르문간드는 신들을 전멸시키기 위해 달려오고 있었다. 드디어 '라그나뢰크'라 불리는 '신들의 황혼'이 시작된 것이다.

'라그나뢰크'라 불리는 '신들의 황혼'.
프리드리히 하이네의 1882년 작 〈불운한 신들의 전쟁〉

그리스·로마·유대교·기독교 신들은 단순하다. 전능하신 기독교·유대교 신께서는 세상을 창조하시고 영원히 만물을 통치하신다. 우주를 창조하진 못했지만 고대 그리스와 로마 신들 역시 영원히 존재한다. 하지만 스칸디나비아 게르만 족 노르드인들의 신화는 다르다. 세상이 말세가 되면 신들 역시 말세에 이르니 말이다. 아니, 신들의 말세, 고로 라그나뢰크 자체가 세상의 말세이기도 하다. 최고의 신 오딘은 태양과 함께 늑대 펜리르에게 산 채로 잡아먹힌다. 번개의 신 토르와 바다뱀 요르문간드는 서로를 전멸시킨다. 늑대와 뱀에게 잡아먹히다니! 무슨 그런 '쪽팔리는' 신들이 있을까!

하지만 그게 다가 아니다. 전멸한 세상은 다시 창조되고, 다시 창조된 세상에서 신들은 또다시 세상을 지배한다. 말썽꾸러기 로키는 또 한번 잡히고, 그가 풀려나는 날 또 한번의 라그나뢰크가 벌어진다. 라그나뢰크와 창조, 창조와 라그나뢰크를 되풀이하며 세상은 영원히 반복된다. 그리고 오딘, 토르, 로키, 펜리르, 요르문간드 모두 알고 있다. 라그나뢰크는 끝이 아니란 걸. 그것은 또 한번의 시작일 뿐이란 걸. 그렇다면 질문할 수 있겠다. 어차피 모든 게 반복된다면 왜 싸우고 찢기고 물고 생고생을 해야 하는가? 늑대 펜리르를 묶는 자신의 손은 어차피 우주만큼 크고 깊은 펜리르의 목에 삼켜질 것이란 걸 너무나도 잘 알고 있는 오딘, 그는 왜 여전히 펜리르를 꽁꽁 묶고 있는 것일까?

마치 할리우드 영화 〈매트릭스〉에서의 '건축가'가 설명하듯, 주인공 네오의 삶과 싸움, 그리고 기계들을 향한 인간의 반란이 이미 수십 번 반복됐다면? 너무나도 많이 반복됐기에 미래의 모든 것을 예측할 수 있다면? 토르가 그의 위대한 망치를 던지는 순간, 어디로 떨어질지 이미 모두 알고 있다면? 미래에 일어날 모든 것들이 결국 신, 물리법칙 또는 운명이라 불리는 필연들 간의 짜고 치는 '고스톱'이라면?

과거가 있기에 현재가 있고, 현재는 미래로 변한다. 고대 그리스·로마, 유대교·기독교의 시간은 지극히 선형적이다. 현재는 미래를 바꿀 수 있지만 미래는 과거를 바꿀 수 없으니 말이다. 힌두교에서도 과거는 변할 수 없다. 이 세상 모든 것이 의미 없는 환상Maya이란 사실을 진정으로 느낄 때까지, 과거에서 미래로 흐르는 세상에 던져져 다시 시작해야 할 뿐이다.

하지만 노르드인들에게 미래란 무의미하다. 이들에겐 과거와 현재만 존재하기 때문이다. 그게 무슨 말일까? 그들은 거대한 생명의 나무 '위그드라실'이 세상을 받치고 있다고 믿었다. 나무의 뿌리는 우주의 우물인 '우르드'로부터 물을 받고, 신, 거인, 인간이 사는 아홉 개 세상들은 나뭇가지들에 매달려 있다. 그렇다면 우르드의 물은 어디에서 만들어지는 것일까? 바로 나무 이파리에서 떨어지는 이슬로 우물이 다시 채워진다. 그렇다면 우리는 노르드인들의 세계관을 이렇게 해석해볼 수 있겠다. 위그드라실 나무의 이슬은 신과 인간들

프리드리히 하이네의 1886년 작
〈애쉬 위그드라실〉

의 피와 땀, 사랑과 희망, 그리고 서서히 사라져가는 그들의 생명을 통해 만들어진다. 과거가 현재를 만들지만 현재의 미래가 바로 그 과거로 돌아간다는 말이다. 나의 미래가 나의 과거가 되기에 독립적인 미래는 존재하지 않는다. 시간은 흐르는 게 아니라 꼬여 있다. 어차피 미래가 없는 세상, 그렇기에 노르드인들은 숙명적으로 싸우고 찢기고 물고 죽어갔는지도 모른다.

'라플라스의 악마'는 모든 것을 알고 있다?

프랑스의 위대한 수학자 피에르 시몽 라플라스는 만유인력을 발견한 영국의 과학자 뉴턴의 고전역학을 수학적으로 정의한 인물이다. '라플라스 변환'과 '라플라스 방정식'을 발견한 그는 나폴레옹 보나파르트 정권 당시 내무부 장관으로 임명되기도 했다. 하지만 천재적이고 도도하기로 유명했던 라플라스의 공직 생활은 무척 짧고 재앙적이었다. 그는 수학과는 본질적으로 다르고, 비논리적인 정치에 실망했다. 또 "신은 존재하느냐?"란 호기심 많은 황제의 질문에 "내겐 '신' 같은 가설은 필요 없다"고 짜증낼 만큼 상황판단에 어두웠다. 결국 나폴레옹은 "쓸모없는 질문만 던지는…… 비단옷 입은 똥"이라 그를 욕하며 정확히 6주 만에 퇴임시킨다. 다시 과학의 세계로 돌아온 라플라스는 질문한다.

피에르 시몽 라플라스

뉴턴역학에 따르면 만물은 물리법칙이란 필연의 결과물이다. 그런데 왜 세상은 예측 불가능한 혼돈과 우연투성이일까? 코르시카 시골 출신에 키도 작은 나폴레옹, 어떻게 그가 프랑스 황제가 되고 전 유럽을 정복할 수 있었을까? 영원할 것만 같았던 그의 행운과 승리는 왜 러시아의 겨울과 워털루 전투에서 힘없이 무너지고 말았을까? 이 모든 게 결국 우연과 행운일 뿐일까? 아니면 우리가 이해하지 못하는 필연의 결과물일까?

그렇다. 우연과 혼돈은 오로지 인간의 미지에서 오는 것이다! 만약 우주에 있는 모든 입자의 정확한 위치와 운동량을 아는 존재가 있다면, 이 존재는 뉴턴의 운동법칙을 이용해 과거, 현재의 모든 현상을 설명해주고 미래까지 예언할 수 있을 것이라고 라플라스는 생각했다.

나중에 '라플라스의 악마'라 불리게 되는 이런 전능한 존재가 과연 가능하다면? 138억 년 전, 빅뱅을 통해 우주가 탄생하는 순간 '라플라스의 악마'는 이미 미래에 일어날 모든 일들을 예측할 수 있었을 거다. 은하수와 태양계의 탄생, 생명과 인간의 기원, 문명의 발전, 부모들의 탄생과 죽음, 그리고 나의 탄생, 나의 삶, 나의 죽음. '라플라스의 악마'는 이미 모든 걸 알고 있었다는 말이다.

물론 '라플라스의 악마'는 불가능하다. 단순히 우주 모든 입자들의 위치와 운동량을 동시에 안다는, 현실적으론 불가능한 문제 때문만이 아니다. 덴마크의 닐스 보어와 함께 초기 양자역학 발전에 절대적인 공헌을 한 독일의 베르너 하이젠베르크는 스물여섯이란 어린 나이에 양자역학의 근본적 법칙인 '불확정성 원리Uncertainty principle'를 제시한다. 이 원리의 핵심은 아무리 노력해도 입자의 위치와 운동량은 본질적으로 동시에 측정할 수 없다는 것이다. 위치를 정확하게 측정할수록 운동량의 불확정도가 커지고, 반대로 운동량이 정확하게 측정될수록 위치의 불확정도가 늘어난다. 라플라스의 꿈은 결국 꿈에 불과하다는 말이다.

하지만 잠깐! 입자 하나하나의 정확한 위치와 운동량은 측정할 순 없지만, 통계열역학의 방법을 응용하면 입자들의 통계학적 위치와 운동량은 알아낼 수 있지 않은가? 그렇다면 적어도 우주와 존재의 통계학적 운명은 예언할 수 있겠다! 그런데 여기서 문제가 하나 발생한다. 그 유명한 열역학 제2법칙을 이용하면 "고립된 시스템의 총 엔트로피entropy, 무질서의 수치는 감소할 수 없다"는 결론을 내릴 수 있다는 점이다. 우주 그 자체를 하나의 고립된 시스템으로 본다면 시간이 지남에 따라 우주는 질서보다 무질서 상태로 변해갈 것이다. 언젠간 모든 입자들이 골고루 분포돼 운동이나 생명을 유지하기 위해 사용할 수 있는 에너지, 고로 '자유 에너지free energy'가 0이 되는 상태까지 갈 수 있다.

아일랜드 태생의 영국 물리학자 윌리엄 톰프슨은 우주의 이 같은 종말 상태를 '열 죽음heat death'이라 정의한 바 있다. 만약 톰프슨의 주장이 맞다면 빅뱅이란 '무'에서 시작된 오늘날의 '유'는 언젠간 아무 질서도, 정보도 존재하지 않는 무의미하고 완벽한 무질서 상태로 끝 날 수도 있다.

은하수·태양계·지구라 불리는 물질적 질서들, 생명·인간·뇌라 불리는 생물학적 질서들, 그리고 문명·종교·과학이라 불리는 문화 적 질서들. 프랑스 생물학자 자크 모노가 저서 『우연과 필연』에서 설 명하듯, '나'란 존재를 가능하게 한 이 질서들은 결국 "우주는 언제나 무질서를 향해 간다"는 필연 아래 잠시 허락된 우연일 뿐이다. 영원 한 무질서 사이에 우연히 존재하는 잠시 동안의 질서이기에 우리는 우리를 다시 무질서의 세상으로 삼켜버릴 늑대 펜리르의 입을 기다 리고 있는지도 모른다. 마치 자신의 뒤를 돌아보며 외로워하는 프란 시스코 고야의 〈거인〉같이 말이다.

프란시스코 고야의 〈거인〉

위험하고 험악한 세상에서도
여전히 사랑하고, 희망하고, 미래를 계획하려는 뇌는
위험 불감증과 성공 확률 과대평가라는
착시들을 만들었는지도 모른다.

Part 03

불통과 소통

Brain Science Adventures

11
-
마피아의 뇌

이탈리아는 사회 구조상 밀라노가 중심인 '북이탈리아'와 로마 남쪽의 '남이탈리아'로 나뉜다. 부유한 북쪽은 지극히 평범하다. 정부는 공리주의적 원칙에 따라 법을 만들고 시민들은 세금을 내고 법을 지킨다. 마음에 들지 않는 정부는 선거를 통해 교체하면 된다.

그렇다면 가난한 남이탈리아는? 대부분 시민은 정부를 자신의 '적'으로 생각한다. 이유는 역사에 있다. 로마 제국이 멸망한 후 이탈리아 북쪽엔 게르만 족 롬바르드인들이 정착해 살기 시작했다. 반대로 남이탈리아로 쫓겨난 로마인들은 그후 1500년 동안 비잔틴, 프랑크 족, 노르만 족, 아랍인, 스페인인, 프랑스인들의 지배 아래 살게 된다. 그들에게 정부란 언제나 '정복자'와 같은 의미였다는 말이다.

정복자의 법을 따를 이유가 없으니, 불법과 탈세는 '애국'과 마찬가지다. 신뢰하지 않는 정부 대신 마피아(시칠리아)나 카모라(나폴리) 같은 현지 권력을 따르면 된다. 대신 마피아 두목들은 자신을 믿고 따르는 사람들을 '챙겨준다'. 물론 횡령한 공공의 자원을 이용해서 말이다.

원전 마피아, 관료 마피아, 검찰 마피아…… 대한민국은 어느새 '마피아 공화국'이 돼버린 듯하다. 마피아 하면 영화 〈대부〉가 생각나겠지만, 마피아의 진정한 의미는 물론 다른 데 있다. 공익보다는 내 사람 챙기기, 사회 전체가 아니라 나와 특정 관계인 소수의 이익만을 위해 공공 자원을 남용하는 남이탈리아식 온정주의paternalism의 극치라는 점이다.

다른 영장류와 마찬가지로 인간 역시 혼자 살 수 없다. 동굴에 살던 원시 인간들 뇌엔 중요한 규칙이 하나 있었다. 세상은 험하고 위험하다고, 믿을 수 있는 사람은 나와 비슷한 유전자를 가진 가족과 친척들뿐이라고, 팔은 안으로 굽어야 한다고. 그렇다면 대한민국 '마피아들'의 진정한 의미는 바로 여기에 있다. 개개인이 더이상 사회 시스템을 신뢰하지 못하는 순간, 인간의 뇌는 언제나 다시 '자기 집단중심적 이타주의parochial altruism'로 되돌아갈 준비가 돼 있다는 점이다.

자기집단중심적 이타주의는 결국 이기주의의 발로

호모 사피엔스 사피엔스. 영장류로부터 분리된 '호모' 속의 종들 중 유일하게 오늘날까지 남아 있는 우리 인간. 꼿꼿한 허리 덕분에 걸어다닐 수 있고, 월등하게 큰 두뇌 덕분에 현실을 인식하고 과거를 기억하고 미래를 계획할 수 있다. 뒷다리만으로 오랜 시간을 걸어다닐 수 있어 손으로 물체를 잡고 도구를 사용한다. 동아프리카를 고향으로 둔 인간은 남극을 제외한 지구의 모든 대륙을 정복했으며, 현재 약 72억 명이 살고 있다. 점점 더 커지는 두뇌를 가진 아이를 출산하기 위해 여자의 골반은 커졌고, 뇌는 피질 면적을 최대화하기 위해 호두같이 접히고 구부러진 표면을 가지게 됐다. 하지만 그마저도 한없이 커지는 두뇌의 크기를 감당할 수 없었기에, 인간은 어느 동물보다 더 일찍 태어난다. 말, 소, 사슴 모두 태어난 지 몇 시간 만에 스스로 어미를 쫓아가지만, 인간은 1년이 지나서야 첫걸음을 내딛는다. 그것도 너무나 어설프게 말이다.

그렇다. 진화적으로 우리는 모두 미숙아다. 마치 바둑판같이 계획된 대한민국 신도시에서 태어나 아침 드라마를 보는 어머니의 보호 아래 자란다면 그 1년이 문제될 리 없다. 하지만 아프리카 초원에 살던 우리의 조상을 기억해보자. 태어나서 1년 넘게 엄마의 희생 없이는 아무것도 할 수 없는 인간. 원시인의 두개골에서 종종 발견할 수 있는 두 개의 구멍은 검지호랑이의 이빨의 크기와 정확히 맞

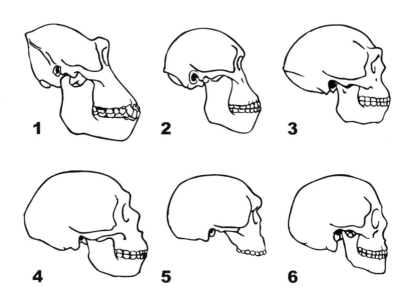

1.고릴라 2.오스트랄로피테쿠스 3.호모 에렉투스 4.네안데르탈인
5.슈타인하임인 6.호모 사피엔스의 두개골들

아떨어진다. 우리는 오랜 시간 동안 무시무시한 육식동물들에게 간편한 먹잇감이었던 것이다.

더이상 배고픈 동물의 야식이 되고 싶지 않다면, 많이 모여 있으면 된다. 먼 훗날 그리스 철학자 파르메니데스는 '하나와 여러 가지'로 나뉘는 존재에 대해 생각하게 되지만, 우리 조상들에게 '하나와 여러 개'는 너무나도 현실적인 문제였다. 혼자서는 죽지만, 많으면 살아남는다.

하지만 많이 모이면 또다른 문제가 생긴다. 그 많은 사람 중 누구를 믿어야 할까. 그리하여 나와 비슷한 유전을 공유하는 가족과 친척 위주 공동체가 탄생했다. 진화의 핵심은 내 유전자의 생존이다. 하지만 나의 유전자를 물려받은 아이들은 모두 미숙아로 태어난다. 아이를 만들고 바로 도망가 새로운 아이들을 만들면 될까. 미숙아로 태어날 아이를 9개월 동안 자신의 배 안에 심고 살아야 할 여자에게는 존재하지 않는 선택지다. 그렇다면 여자와 아이를 위해 먹이를 구하고 지켜줄 남자가 필요하다. 남자 역시 굶어죽을 여러 명의 아이를 여러 여자를 통해 가지는 것보다 자신의 유전을 물려받은 소수의 아이들을 굶기지 않는 게 더 현명한 선택일 수 있다.

이기주의와 이타주의. 인간의 모든 행동은 이 둘 사이의 끝없는 갈등의 결과물이다. '자기집단중심적 이타주의', 나와 비슷한 유전을 가진 사람을 도와주는 것은 결국 나 자신을 돕는 것이다. 어머니의 희생, 기러기 아빠의 헌신, 외할머니의 사랑, 고향 사랑, 애국심. 모두 이렇게 시작된다. 그리고 동시에 함께 시작된 인간의 추한 모습들, 타인의 아픔이 주는 기쁨, 왕따, 인종차별, 민족주의, 십자군 전쟁, 아우슈비츠 유대인 수용소……

공감은 인간의 뇌가 만든 '킬러 앱'이다

자신의 가족을 보호하고 타인을 경계한다. 침팬지, 들개, 펭귄도 보이는 행동이다. 그렇다면 인간 역시 동물일 뿐일까. 물론 인간은 동물이다. 하지만 아주 독특한 동물이다. 왜냐고? 인간이 있기에 빨간 장미는 빨갛고, 달콤한 아이스크림은 달콤하기 때문이다. 한번 상상해보자. 우주에 살고 있는 모든 인간이 갑자기 사라진다면? 빨강을 빨강으로 인식하고, 달콤함을 달콤함으로 느끼는 인간 없이 빨강은 빛의 주파수일 뿐이고, 달콤함은 화학적 반응에 불과하다.

고양이의 시각 뇌에 전극을 꽂고 눈앞에 다양한 사물을 보여주면 시각신경세포들의 전기생리적 반응을 관찰할 수 있다. 사람도 비슷하다. 동그라미·빨강·달콤함, 모두 전기생리적으로 독특한 반응을 보인다. 하지만 신경세포들의 반응은 신경세포들의 반응일 뿐이다. 인간은 전기생리학적 현상을 넘어 '퀄리아qualia'를 느낀다. 퀄리아란 무엇인가. 빨간 장미를 지각할 때 느끼는 기분, 우리 눈앞에 보이는 그 무언가를 볼 때의 느낌, 바로 이런 것들이다. 말로 표현하기 어렵

빨간 장미를 지각할 때 느끼는 기분, 우리 눈앞에 보이는 그 무언가를 볼 때의 느낌,
바로 이런 것들이 퀄리아다

고 객관적인 관찰이 불가능한 주관적인 특징들, 그렇다면 퀄리아는 비과학적인 걸까.

데카르트의 "나는 생각한다, 고로 나는 존재한다"는 말은, 데카르트라는 자아가 본인이 생각한다는 사실을 느끼는 퀄리아가 있기에 가능하다. 돌과 해파리는 퀄리아가 없기에 과학을 만들지 못했지만, 인간은 세상을 지각하는 자신을 느낄 수 있었기에 과학을 만들 수 있었다. 퀄리아는 과학의 조건이며 논리를 초월한다.

눈을 뜨는 순간 세상이 보인다. 세상에서 들어오는 다양한 자극에 반응하는 신경세포들만을 말하는 게 아니다. 나는 존재한다는 사실을 느낀다, 고로 나는 존재한다. 하지만 나 외에 다른 사람들은 누구일까. 나는 그들이 아니다. 그들이 무엇을 느끼는지 나는 알 수 없다. 내 피부의 가려움은 참기 힘들지만, 1밀리미터도 안 되는 내 피부 바깥에서 죽어가는 타인의 고통은 나와 상관없다. 내가 아닌 세상은 나에겐 무의미하고, 무의미한 사람들을 위해 나라는 자아를 희생하고 내가 노력할 이유가 없다. 하지만 희생과 노력이 필수인 이타적 행동 없이 인간은 영원히 혼자이기에 다시 동물의 먹이가 된다. 새로운 해결책이 필요했다. 결국 인간의 뇌는 '공감'이라는 킬러앱killer app을 만들어낸다. 타인의 행동을 시뮬레이션하도록 도와주는 '거울뉴런', 비슷한 환경을 경험한 뇌들에게 비슷한 신경회로망을 만들어주는 '결정적 시기', 언어라는 도구를 통한 지속적인 소통, 이 모두 서로의 퀄리아를 직접 느낄 수 없는 사람들끼리의 공감을 가능하게 해주었기에, 우리는 인식도, 검증도 불가능한 타인의 자아를 믿어준다.

그런데 여기서 문제가 생긴다. 얼마 전까지 배고프다며 칭얼대던 아이가 조용해졌다. 흔들어도, 꼬집어도 반응이 없다. 아무 소리도 내지 않는다. 숨을 쉬지 않는다. 죽음이란 무엇일까. 오늘 아침과 여전히 똑같이 생긴 아이, 하지만 무언가 달라졌다. 더이상 아무것에도 반응하지 않는다면, 아이는 더이상 아무것도 느끼지 못한다는 말일까. 더이상 퀄리아가 없는 사람이 존재한다는 말은, 무언가가 퀄리아를 만들어내기도 그리고 다시 사라지게 할 수도 있다는 말이다. 육체와 분리된 '영혼'이라는 가설의 탄생이었다. 몸에서 분리된 영혼은 위험하다. 집과 여자가 없는 이방인이 남의 여자와 집을 넘보듯, 몸이 없는 영혼은 나의 몸을 차지하려들 수 있다. 나는 나다. 나는 다른 사람이 되고 싶지 않다! 그렇다면 영혼이 떠나지 않도록 몸을 보존해주어야 한다! 이미 아무 반응을 하지 않는 몸이 여전히 살아 있다고 영혼을 속여야 한다!

1만 년 전, 레반트(오늘날 이스라엘·레바논·요르단·시리아) 지역에 살던 사람들은 우연한 발견을 한다. 썩어가는 해골에 진흙을 바르고 하얀 조개껍데기로 '눈'을 만들어주자 죽은 사람이 마치 여전히 살아 있는 듯했던 것이다. 육체를 떠나려는 영혼을 이렇게 속일 수 있지 않을까. 상상과 예술, 그리고 존재하지 않는 그 무언가를 '이야기'를

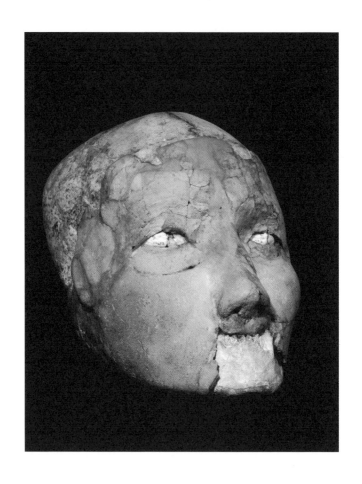

석고를 바른 해골. 기원전 7000~8000년 이스라엘 예리코에서 발견

통해 현실화하는 문명의 시작점이었다.

오늘날 지구의 주인은 우리 호모 사피엔스다. 하지만 아프리카를 먼저 떠난 인류의 친척은 네안데르탈인이었다. 네안데르탈인은 단단한 뼈와 현대인보다도 더 큰 뇌를 가졌었다. 그러나 그들은 멸종했고, 그들보다 더 약하고 더 작은 뇌를 가진 호모 사피엔스는 살아남았다. 이스라엘 히브리 대학의 하라리 교수는 이를 '픽션을 만들어내는' 호모 사피엔스의 능력 덕분이라고 주장한다. 전설과 신화로 만들어진 정체성으로 똘똘 뭉친 100명, 1000명의 힘을 모아 네안데르탈인과의 싸움에서 이길 수 있었다는 말이다.

지구 장악한 인간, '인류세' 시대 열어···

네안데르탈인을 멸종시키고, 자신보다 수십 배 더 큰 매머드를 사냥하고, 식물의 성장과정을 제어해 농경 사회를 만들어내고, 무시무시한 동물들을 가축화하고······ 인류의 발전은 상상을 초월했다. 불·농사·바퀴·칼·총·돈·인쇄기술·엔진·전기·항생제·인터넷, 언젠가 단 한 사람 머리 안에서 시작된 이 생각들은 세상을 바꾸어놓았고, 지구는 '안트로포센anthropocene, 인류세'이라 불리는 인류 위주의 세상으로 탈바꿈하였다. 맹수의 먹잇감이었던 인간의 두개골은 보이지 않는 영혼의 집을 넘어 드디어 다이아몬드 8601개로 만들어진

초고가 현대 예술작품으로 변신한다.

그렇다면 인류의 미래는 무엇인가. 뇌-컴퓨터 인터페이스, 광유전자, 브레인 리딩, 브레인 라이팅, 그리고 인공지능…… 땅과 하늘 그리고 식물과 동물의 세상을 장악한 인간은 서서히 우리 자신을 변신시키기 시작한 것이다. 나약한 동물로 시작해 신이 되어가는 우리 인간, 우리가 진정으로 원하는 것은 무엇일까. 우리는 무엇을 위해 아직도 우리만의 바벨탑을 쌓고 있는 것일까.

피터 브뢰겔의 〈바벨탑〉

개개인이 더이상 사회 시스템을 신뢰하지 못하는 순간,
인간의 뇌는 언제나 다시 '자기집단중심적 이타주의'로
되돌아갈 준비가 돼 있다.

Brain Science Adventures

12

—

"남자는 여자를 몰라도
정말 몰라"

—

"남자는 여자를 몰라도 정말 몰라." 남자라면 대부분 한 번쯤 들어 봤을 말이다. 정말 남자는 여자의 마음을 제대로 읽지 못하는 걸까? 만약 그렇다면 이유가 뭘까? 최근 몇 년간 소개된 연구 결과들에 따르면, 여자와 남자는 타인의 감성을 이해하는 능력에서 확실히 차이를 보인다고 한다.

간단한 실험을 가정해보자. 기쁜 얼굴, 슬픈 얼굴, 걱정스러운 얼굴…… 다양한 감정을 보이는 남자들과 여자들의 사진을 컴퓨터 모니터 화면에 띄우고, 피험자들에게 화면 속 인물들의 감정 상태를

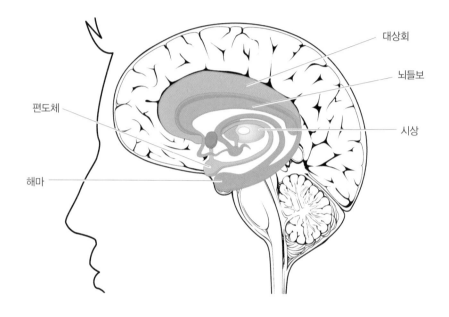

대상회

뇌들보

편도체

시상

해마

상대의 입장에서 생각할 때, 여성의 뇌는 기억을 좌우하는 해마와
공감을 만들어내는 거울뉴런 영역 모두가 활성화된다

맞혀보도록 한다.

결과는 대부분 비슷하다. 여성 피험자는 화면에 보이는 인물이 남자건 여자건 상관없이 감정 상태를 잘 파악한다. 하지만 남자는 다르다. 화면 속 대상이 여성일 경우 감정 상태에 대한 파악을 어려워한다. 도대체 왜 그런 걸까?

다양한 해석이 가능하겠지만, 타인에 대한 정보 처리에 있어 남자와 여자 간의 본질적인 차이가 있다고 가설을 세워볼 수 있다. 사실 내가 아닌 타인을 이해하기란 쉽지 않다. 누차 이야기하지만 생각하고, 인식하고, 기억하고, 뇌에서 일어나는 모든 일은 지극히 내면적이다. 우리는 다른 사람들 역시 나 자신과 비슷한 내면적 현실을 느끼고 있는지 증명할 수 없다. 우리는 단순히 타인의 행동, 그리고 대화를 통해 그들의 내면적 세상을 '짐작'할 뿐이다. 결국 "내가 너라면……"이라는 말은 "내 생각에 내가 너라면……"이라는 말일 뿐이다.

그런데 이 과정에서 남자와 여자 간에 큰 차이가 있다. 상대의 입장에서 생각할 때, 여성의 뇌는 기억을 좌우하는 해마와 공감을 만들어내는 거울뉴런 영역 모두가 활성화된다. 반면 남성의 뇌는 대부분 본인의 기억만을 기반으로 타인을 판단한다. 나 자신도 군대에서 고생해보았기에 입대 후 고생하는 다른 남자들의 기분을 이해할 수 있다. 하지만 내가 경험해보지 못한 고부갈등 문제는 아무리 애써도 이해하기 어렵다.

사실 영화, 드라마, 소설 모두 타인의 문제와 갈등을 다루는 이야기들이다. 이런 콘텐츠를 보고 많은 남자의 뇌가 '나와는 상관없는 일'이라고 말할 때, 대다수 여자의 뇌는 '만약 내가 저 사람이라면'이라는 가상현실적 공감을 만들어낼 수 있다는 말이다.

타인의 고통

여자가 남자에 비해 공감능력이 뛰어나다고 하지만, 남자와 여자 모두 타인의 문제를 공감하지 못하는 경우도 분명 존재한다.

시리아 내전을 취재하던 기자, 중동 구호단체 대원, 북아프리카 등산 안내원…… 이슬람 테러단체인 이슬람 국가IS에 납치돼 2014년 참수된 서방 민간인들이다. 수많은 이라크, 시리아, 시아파 포로들은 물론 IS 점령 지역에 사는 쿠르드 족과 야지디 족 민간인들 역시 무차별 고문과 학살에 떨고 있다.

인터넷으로 지구 반대편에서 말춤을 추는 연예인을 보고 책상·의자·운동화가 서로 정보를 교환하는 '사물인터넷internet of things' 시대를 꿈꾸는 오늘날, 같은 세상에서 일어나는 일이라고 믿기 어려울 정도다. 어디 그들뿐이겠는가. 팔레스타인 가자지구 폭격 당시 민간인 죽음을 시원한 맥주 한잔 마시며 '관람하던' 몇몇 이스라엘 시민의 행동 역시 잔인하기는 마찬가지다.

미하일 브루벨의 〈앉아 있는 악마〉.
한 명의 참수는 충격적이지만 100명, 1000명의 참수는 지루해지는 것,
현대인의 공감력 수준이다

미국 문화평론가 수전 손태그는 『타인의 고통』에서 타인의 고통을 더이상 공감할 능력도, 개입할 의지도 없는 현대인에 대해 지적한 바 있다. 인터넷에 올라온 1명의 참수는 충격적이지만 100명, 1000명의 참수는 '지루해진다'는 말이다. 그렇다면 질문의 핵심은 이거다. 무엇을, 어떻게 가르쳐야 타인의 고통과 공감하고 타인의 어려움을 내 문제로 인식할 수 있을까?

얼마 전 소개된 독일 연구진의 결과가 중요한 힌트를 준다. 소수 피험자를 통해 실험실에서 연구되는 일반적 연구와는 달리, 이 연구진은 1000명 넘는 일반인의 일상생활을 관찰해 도덕의 기원에 대해 연구했다. 우리는 왜, 언제, 무슨 이유로 도덕적 행동을 할까? 이 질문에 대한 아래의 결과가 타인의 고통에 공감하기 위한 지침이 될 수 있을 것이다.

첫째, 도덕적 행동엔 전염성이 있다. 타인의 좋은 행동이 나의 행동을 좋은 쪽으로 바꿀 수 있다는 말이다.

둘째, 나 자신의 도덕적 행동과 타인의 비도덕적 행동은 오래 기억되지만, 타인의 도덕적 행동과 나 자신의 비도덕적 행동은 빨리 잊힌다.

셋째, 도덕적 행동을 실행할 실질적 확률은 대부분 개인의 종교나 정치적 취향과 무관하다.

넷째, 나에 대한 타인의 좋은 행동은 나의 행복지수를 올리지만,

내가 직접 시현한 도덕적 행동은 내 삶에 목표의식을 만들어준다.

누구를 구할 것인가?

'도덕'과 관련해 한 가지 더 살펴볼 이야기가 있다.

다리 위를 지나가다 우연히 먼 곳에서 달려오는 기차를 발견했다고 상상해보자. 그런데 이게 무슨 일일까? 다리 아래 5명이 묶여 있는 게 아닌가? 얼마 후 모두 기차에 치이게 될 위험한 상황이다. 그런데 안타깝게도 직접 내려가 사람들을 풀어줄 수 있는 방법이 없다. 휴대전화도 없어 도움을 요청할 수 없다. 그런데 유일하게 다리 위에 서 있는 한 사람, 그를 밀어 철도에 떨어지게 한다면 기차를 멈출 수 있다. 물론 그 사람은 죽겠지만, 묶여 있는 5명은 살릴 수 있다. 묶여 있는 5명도, 다리 위 한 사람도 모두 모르는 사람들이다.

당신은 5명을 살리기 위해 1명을 희생하겠는가?

윤리 수업에 단골로 등장하는 도덕적 딜레마 중 하나인 트롤리 딜레마Trolley Dilemma다. 대부분 사람은 아무리 5명을 살릴 수 있더라고, 죄 없는 한 사람을 희생해서는 안 된다고 대답한다. 생명의 가치는 절대적이기 때문이라고. 하지만 묶여 있는 사람의 수를 5명에서 50명, 500명, 5000명으로 늘리는 순간 결과는 달라진다. 다수를 위해선 개인의 희생이 필요할 수도 있다고 말이다. 스토리를 조금 바꿔 사람을 직접 손으로 밀 필요 없이 단순히 버튼 하나만 눌러도 된다면? 처음보다 훨씬 더 많은 사람이 5명의 목숨을 살리기 위해 1명을 희생해도 된다는 의견을 제시한다.

그리고 또다른 변수. 스페인 바르셀로나 대학의 알베르트 코스타 교수 연구팀은 최근 도덕적 딜레마를 듣고 이해하는 언어 그 자체 역시 우리의 기준을 바꿔놓는다는 결과를 소개했다. 같은 상황을 어릴 때 배운 모국어와 나중에 배운 (하지만 유창한) 외국어로 듣는다면? 외국어로 들을 때는 5명을 살리기 위해 1명을 희생해도 된다는 조금 더 '이성적'인 판단을 내리지만, 모국어로는 개인을 절대 희생해서는 안 된다는 '감정적' 판단을 내릴 확률이 높아진다는 결과다.

결국 인간에게 도덕이란 절대적인 것이 아니다. 상황, 언어, 상태에 따라 충분히 달라질 수 있는 상대적 판단이다. 그렇다면 결론은 간단하다. 도덕성이 높은 사회를 만들기 위해서는 도덕적 판단을 최대화할 수 있는 사회적 구조와 언어가 필수적이다.

인간에게 도덕은 상황, 언어, 상태에 따라
충분히 달라질 수 있는 상대적 판단이다

"내가 너라면……"이라는 말은
"내 생각에 내가 너라면……"이라는 말일 뿐이다.

Brain Science Adventures

13
—
형식적 공감

in Wonderland

⸺

"How are you doing?" 미국에서 자주 듣는 질문이다. 어떻게 지내느냐고? 친절하기도 해라.

"뭐, 허리도 좀 아프고, 일 때문에 요새 스트레스도 받고, 노후 대책을 제대로 못해 걱정도 많고……"

미국을 방문한 외국인들이 이렇게 대답하면 미국인들은 당황스러움을 감추지 못한다. 그렇게 자세히 알고 싶었던 게 아니기 때문이다. 대답을 듣기 위해 던진 질문이 아닌 그냥 형식적으로 건넨 인사였기 때문이다.

앙리 드 툴루즈 로트레크의 〈물랑루즈에서〉.
우리는 '대화도 아닌 대화'에 왜 많은 시간을 쓰고 있을까

"공부 잘하고 있지?"

늦게 귀가한 아버지의 질문.

"아니요. 아무리 열심히 해도 성적이 안 올라 걱정이네요. 제가 확실히 뭘 원하는지도 모르겠고……"

물론 그건 아버지가 듣고 싶어하는 대답이 아니다. 어차피 폭탄주에 취해 깊게 생각을 못하는 아버지는 단순히 조건도, 설명도 없는 "네, 잘하고 있어요"라는 대답인 듯 대답 아닌 대답을 듣고 싶었을 뿐이다.

우리 뇌는 다른 사람들과 '공감'하고 싶어할 뿐이다

온종일 커피숍에 앉아 너무나도 진지하게 '대화'를 나누는 현대인. 하지만 자세히 들어보면 대부분 실질적 대화를 나누는 게 아니다. 서로 얼굴 마주보고, 고개 끄덕여주며 각자 자신의 이야기를 할 뿐이다. 아무 정보 교환도 없는, 대화도 아닌 대화지만, 친구들과 함께 있어 즐거울 뿐이다.

핵심은 바로 그거다. 인간에게 대부분 소통은 정보 교환을 위함이 아니다. 우리 뇌는 단지 다른 사람들과 공감하고 싶어할 뿐이다. 무의미한 질문과 대답을 통해서라도 말이다. 물론 서로의 공감은 인간의 삶에 꼭 필요한 기본 욕구 중 하나다. 하지만 '형식적 공감'이라는 인간의 본능이 개개인 수준을 넘어 조직, 기업, 정부 차원으로 확장된다면?

'IT 강국!' '동아시아 허브가 되자!' '최첨단 명품 무기로 북한에 대응하자!' '창조경제를 개척하자!'…… 당연히 모두 맞는 말이다. 하지만 동시에 뼈아픈 노력, 철저한 준비 그리고 피눈물나는 희생이 필요하다. 객관적 근거도, 법적 기반도, 사회적 투자도 없는 '슬로건 던지기' 식의 정책과 계획은 아무 진정성 없는 서로의 '주관적 공감'만 키워주는 말장난에 불과하다.

놀이터와 말단 직원, 그리고 엄마와의 작별

주관적 공감이 아닌 객관적 공감, 즉 누군가를 이해하고 관계를 맺을 줄 아는 능력은 오늘날 더욱 중요하다.

얼마 전 길을 거닐다 텅 빈 놀이터를 발견하고 놀랐다. 마치 공상 과학 영화의 한 장면 같았다. 소리 없는 시소, 웃음 없는 목마, 아이들 없는 그네만 놀이터를 지킬 뿐이었다. 그 많던 아이들은 다 어디로 간 것일까? 아마 영어·수학·논술·중국어 학원에서 열심히 공부하고 있을 것이다. 새로운 지식을 배우고 미래를 준비하는 일, 당연히 중요하다. 하지만 얻는 게 있으면 잃는 게 있다. 그렇다면 아이들의 웃음으로 가득찬 놀이터 대신 우리는 무엇을 얻고 무엇을 잃고

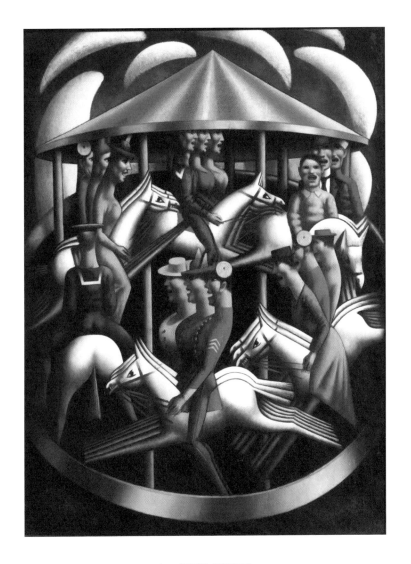

마크 거틀러의 〈회전목마〉.
놀이터에서 놀던 그 많은 아이들은 어디로 갔을까

있는 것일까?

대기업 임원 한 분이 말씀하셨다. 말단 직원으로 근무할 때는 지식과 팩트가 가장 중요한 능력이었지만, 지금은 자신과 타인을 이해하는 능력, 결국 인간관계가 그 무엇보다도 중요하다고. 하지만 친구들과 맘껏 놀아보지도 못한 대한민국 아이들은 타인과의 관계를 배울 수도, 경험할 수도 없다. 결국 아이의 미래를 위해 놀이터를 희생하는 대한민국 부모들은 아이를 임원이 아닌 말단 직원으로 키우고 있다는 말이다.

인간의 뇌는 절대적 가치를 인식할 수 없다. 상황, 문제, 필요성에 따라 인식의 폭을 재구성할 뿐이다. 무엇이 가장 좋고 무엇이 가장 나쁜지를 정한 후 나머지 가치들을 재배치한다. 그것이 바로 '개인의 생각과 삶의 폭'이다. 놀이터, 소설책, 사랑, 모든 걸 포기하고 오로지 공부와 시험만을 반복하는 대한민국 아이들. 그들에게 '삶의 폭'이란 어쩌면 A+에서 D-까지의 점수로 매겨지는 것일 수도 있다. 성적이 좋으면 모든 게 용서되지만, 성적이 나쁘면 이 세상 그 무엇도 위안이 될 수 없는.

세상의 폭은 물론 무한에 가까울 정도로 넓고 다양하다. 전교 일등을 하더라도 겸손한 전 세계 최고 천재들을 직접 경험한다면 자신도 스스로 겸손해질 것이고, 아프리카에서 깨끗한 물 한 모금 없어 죽어가는 신생아들을 경험한다면 고작 D-라는 점수에 좌절하지 않을 것이다. 삶과 세상의 진정한 폭을 알게 된다면 대한민국 아이들 역시 드디어 자신이 무엇을 해야 행복할지 알게 될 것이고, 자신이 원해서 하기에 이 세상 누구보다 더 잘해야만 대한민국에도 미래가 있을 것이다. 그렇다면 삶과 세상의 진정한 폭을 알기 위해 무엇이 필요할까. 바로 '작별'이다.

밤늦게 택시로 귀가하는 길이었다. 새 아파트 단지로 들어가며 기사님이 물어왔다. 여기 아파트 비싸냐고, 평당 얼마냐고. "처음 보는 제 사생활에 대한 그런 질문은 상당한 실례"라고 말해주고 싶었지만, 그냥 자는 척했다. 끝없는 질문에, 끝없는 대답과 변명. 어디 택시 기사님뿐이겠는가? 방금 명함을 주고받자마자 기본적으로 나이, 고향, 모교, 배우자, 주소(강남? 강북?)를 묻는다. 만난 지 얼마 되지 않은 사람에게 인생을 어떻게 살아야 한다는 조언까지 덤으로 건넨다.

물론 나도 안다. 형식적 공감과는 다른 서로에 대한 배려, 관심, 걱정이 대한민국을 세상에서 가장 정 많고 따뜻한 사회로 만들어줬다는 사실을. 지지리도 못살고, 못 배우고, 주변 나라에 침략당했던 우리 모두의 과거. 서로에 대한 걱정과 참견은 수백 년 동안 역사의 패배자였던 한국인들 사이에 허락된 사랑의 표현이었는지도 모른다.

서로가 서로에게 의지해야만 했던 과거에 절실했던 배려와 관심. 하지만 필요 이상의 관심과 참견은 대한민국 미래를 막는 가장 큰

'엄마'에게서 멀어져야만 우리에게 '미래'가 있다

장애물이 돼버렸는지도 모른다. 아들딸 옷 골라주고, 학원 보내주고, 학교 정해주고, 직장 선택해주고, 배우자 찾아주고…… 어디 그뿐이랴. 대학 입시 설명회엔 당연히 어머니들이 앉아 있고, 대기업 임원에게 혼난 신입사원의 엄마가 아들 대신 전화해 항의한다.

엄마 없인 빨래도 못하고 밥 한끼 차려 먹을 줄 모르는 어른들이 의사가 돼 타인의 배를 째고, 판사가 돼 타인의 죄와 벌을 판단한다. 살고 있던 집을 팔아 아들 새집 마련해주는 정년퇴직한 부모. 평생 부모 원대로 간섭받고 살았으니, 이제 '보상'받아야겠다는 심정일 수도 있겠다.

얼마 전 읽었던 글이 생각난다. '엄마'에게서 멀어져야만 우리에게 미래가 있다는. 그렇다. 아들, 딸, 엄마, 아빠, 형, 오빠, 교수님, 형님, 의원님, 사장님, 팀장님, 기사님. 우리 모두 서로 멀어져야 새로운 것을 창조할 수 있는 대한민국이 가능할 것이다. 그리고 우리 모두 서로가 조금씩 멀어져야만 진정으로 가까워질 수 있음을 알게 될 것이다. 결국 그것이 서로 진정으로 이해하고 공감하는 길이라는 말이다.

인간에게 대부분 소통은 정보 교환을 위해서가 아니다.
우리 뇌는 단지 다른 사람들과 공감하고 싶어할 뿐이다.
무의미한 질문과 대답을 통해서라도 말이다.

14

—

두 눈 부릅뜨고도
보지 못하는 진실

in Wonderland

―

2014년 인천의 한 어린이집에서 촬영된 동영상을 보며 많은 국민이 분노했다. 당연한 일이다. 절대 있어서도, 또다시 일어나서도 안 될 일이다. 하지만 우리는 안다. 인천, 대한민국, 지구라는 이 넓은 세상 어딘가에서는 또다른 보육 교사가 아이 뺨을 때릴 것이고, 또다른 고용주는 이주 노동자의 얼굴에 침을 뱉을 것이며, 또다른 정치범 수용소에서는 많은 북한 주민이 죽어갈 것이다.

우리에게 밝혀진 행복보다 더 많은 행복이 존재하는 것과 같이, 우리 눈에 보이는 불행보다 끝없이 더 많은 불행과 만행이 이 세상에는 존재한다. 우리는 다 안다. 하지만 우리 눈으로 보기 전까지 아는 것은 단지 무의미한 사실일 뿐이다. 왜 인간에게 '보이지 않는 진실'은 무의미하지만 아무리 허무맹랑한 막장 드라마도 단순히 '눈으로 볼 수 있기에' 모두가 공감할 수 있는 것일까?

1944년 6월 체코슬로바키아 테레지엔슈타트 유대인 수용소는 '아름답고 평화로웠다'. 정원엔 예쁜 꽃들이 있었고, 남자들은 저녁내기 축구 시합을 하고, 시민들은 콘서트홀에 모여 아름다운 음악을 듣고 있었다. 제2차 세계대전이 한창이던, 그것도 독일군 점령국 유대인 수용소에서 말이다!

1943년 독일군이 점령한 덴마크, 스웨덴에선 이상한 소문이 떠돌았다. 유대인들이 수용소에서 굶어죽어간다는 것이다! 나치 독일 정부에게 북유럽 여론은 중요했다. 본인들이 우월하다고 주장하던 게르만 족 본토가 북유럽 아니던가!

결국 국제적십자 조사단이 테레지엔슈타트 수용소를 방문하도록 허락받는다. 물론 처음부터 끝까지 전부 사기를 보여줬다. 며칠 전까지 굶던 아이들에겐 새 옷이 배급됐고, 피 묻은 벽과 땅은 새 페인트와 꽃으로 가려졌다. 고문받던 음악가들은 외국 손님들을 위해 클래식 연주를 했다. 본인들 눈으로 '진실'을 파악한 조사단은 결국 "유대인 학살이란 근거 없는 소문이었다"라는 보고서를 작성한다.

본다는 것은 매우 중요하다. 뇌의 30퍼센트 이상이 시각정보 처

테레지엔슈타트 수용소 입구에는 "노동이 너희를 자유케 하리라"라는 문구가 적혀 있다

리에 사용되고 있으니 말이다. 하지만 본다는 것이 중요한 만큼, 우리는 동시에 '내 눈으로 본 것은 언제나 사실이다'라는 착각에 빠지기 쉽다. 내가 본 것이 단순히 연출된 사기일 수 있기 때문이다.

그런가 하면 '연출되지 않은 사기'도 있다. 가난한 아프리카 짐바브웨의 대통령은 명품 양복을 즐긴다. 그렇다면 "짐바브웨 사람들은 명품 양복을 입는다"라고 보편적 주장을 할 수 있을까? 물론 아니다. 북한에도 사람들이 산다. 사람 사는 곳에선 연애도 하고, 술도 마시고, 노래도 한다. 지극히 당연한 이야기다. 하지만 국민 대부분이 굶고, 표현과 여행의 자유가 없는 곳에서 '내 눈으로 확실히' 맛있는 고기를 먹고 노래방에서 노래하는 사람을 보았다는 주장은, 결국 내가 본 극소수의 사람이 고기를 먹고 노래방에서 노래하기 위해 국민 대부분을 가난과 독재에 허덕이도록 통치한다는 말과 동일하다.

이런 경우도 생각해보자. 집에서 혼자 개를 키우는 사람이라면 한 번쯤 경험했을 일이다. 종일 바삐 일하다 집에 들어오는 순간, 퇴근길에 그렸던 아늑한 집의 모습이 송두리째 허물어질 때가 있다. 식탁 위에 뒀던 케이크는 바닥에 엎어져 있고, 화장지를 입에 물고 온 집을 돌아다닌 개가 주인을 빤히 바라본다. 주인이 화를 내는 순간 개의 표정은 180도 변한다. 눈과 귀는 아래로 축 처지고, 고개를 숙인다. 마치 자신의 잘못을 인지하듯 말이다. 이 모습을 본 주인은 마음이 약해져 용서해주고, 주인과 개는 다시 행복한 날을 보낸다.

잠깐! 여기서 중요한 질문을 하나 할 수 있다. '선'과 '악'을 구별하고 자신의 죄를 반성하기 위해서는 고차원적으로 발달한 뇌와 인지능력이 필요하다. 물론 개는 인간에게 길들여진 첫 동물이다. 농경사회 시작 전인 1만 1000년~1만 6000년 전에 이미 길들여졌으니 말이다. 더구나 최신 결과에 따르면 사람과 개는 서로 바라보는 동안 각자 뇌에서 '사랑의 호르몬' 옥시토신oxytocin까지 분비한다니, 둘의 관계는 확실히 특별한 듯하다. 하지만 '특별한 관계'와 '인지능력'은 별개다. 고차원적 뇌를 갖지 않은 개가 진정으로 반성할 수 있을까?

동물 행동 전문가 알렉산드라 호로위츠 팀은 2009년 발표한 논문에서 개는 진정으로 반성하지 않는다는 결과를 소개했다. 상황에 따라 가능한 개와 주인의 네 가지 행동을 상상해보자. ①나쁜 행동을 하고 주인에게 혼난다 ②나쁜 행동을 하고 주인에게 혼나지 않는다 ③나쁜 행동을 하지 않고 주인에게 혼난다 ④나쁜 행동을 하지 않고 주인에게 혼나지 않는다. 호로위츠 팀의 결과는 확실했다. 개의 행동은 진정한 반성이 아니라, 단순히 주인에게 혼나지 않으려는 전략적 행동에 불과하다. '반성하는' 개의 모습은 개를 사랑하는 인간의 상상에서만 존재하는 것이다.

국제 사회로부터 크게 혼날 때마다 과거 행동을 '약간씩' 사과하는 일본 정치권 리더들, 그들은 진정으로 반성하는 것일까? 아니면 단순히 미국과 중국의 흥분을 가라앉히려는 전략적 행동일 뿐일까?

결국 우리는 '보이는 것 너머의 진실'을 볼 줄 알아야만 한다. 그것이 설사 불편한 진실이더라도 말이다.

불편한 거짓말, 편한 진실

제목도 출연 배우도 잘 기억나지 않지만 내용만큼은 확실히 기억나는 영화들이 가끔 있다. 열다섯 살 무렵 우연히 봤던 한 영화가 그렇다. 뉴욕 맨해튼에 살고 있는 한 남자가 한 여자를 만난다. 서로 마음이 통했기에 사랑과 미래를 나눈다. 그들의 미래는 아름다워 보였다. 남자는 자신을 '잘나가는 소설가'라고 소개했고, 여자 역시 '잘나가는 배우'란다. 뭔가 수상했다. '잘나간다'는 사람들치고 무척 가난한 삶을 살고 있으니 말이다.

결국 둘은 알게 된다. 남자는 백화점에서 구두를 파는 소설가 지망생, 여자는 배우 지망생인 창녀란 사실을. 너무나도 불편한 진실이었기에 두 사람은 헤어진다. 하지만 편하고 아름다운 거짓말도 할 수 없는 뭔가를 이 세상에서 가장 불편한 진실은 해줄 수 있다. 바로 진실이 불편할 수밖에 없었던 이유를 분석하고 실질적으로 풀어주는 '끝의 시작'이 될 수 있다는 점이다. 남녀는 다시 만나고 인사하며 서로에게 말해준다. 자신은 몸을 판다고, 자신은 구두를 판다고.

'북한은 핵보유국이 아니다. 증세 없는 복지는 가능하다. 대한민

220

가장 불편한 진실이 어쩌면 가장 편한 진실의 씨앗이 될 수 있다

국 국민은 모두 평등한 기회와 권리를 갖고 있다. 이 세상 모든 사람이 아베 신조 일본 총리를 싫어하고 독도가 대한민국 영토라고 알고 있다.'

우리가 믿고 싶은 아름다운 거짓말들이다. 하지만 세상 대부분의 사람은 독도가 어디 있는지 관심도 없고, 일본의 위상은 세계 최고 수준이다. 세계는 입 꼭 닫고 얼굴 붉히는 한국 정치인들보다 세련되게 웃으며 거짓말하는 아베 총리를 더 믿는다. 대한민국은 불평등하다. 증세 없는 복지 확산은 불가능하며, 북한은 핵보유국일 뿐 아니라 탄도미사일과 잠수함을 사용해 대한민국을 파괴할 능력을 키우고 있다. 이 모두 우리에겐 너무나도 불편하고 추한 사실들이다. 하지만 가장 불편한 진실이 어쩌면 가장 편한 진실의 씨앗이 될 수 있다. 우리가 배우도, 소설가도 아니란 사실을 진정으로 인식하는 순간, 진정으로 멋지고 우아한 작가와 배우가 될 수 있는 기회를 얻게 되는 것이다.

감정, 편견으로부터 영향받지 않는 소통

오직 진실과 사실로만 이루어진 소통을 꿈꾼 이가 있다. 고트프리트 빌헬름 폰 라이프니츠, 17세기 독일 철학자이자 수학자였다. 레오나르도 다빈치와 마찬가지로 그는 역사학·정치학·언어학·법학 같은 다양한 분야에서 공헌을 남겼다. 뉴턴과는 별개로 미적분을 개발했고, 앞서 살펴봤듯 "전능하신 신이 만든 세상에 악이 존재하는 이유는, 우리가 사는 세상이 이미 상상할 수 있는 모든 우주 중 가장 뛰어난 우주이기 때문"이라는 '황당한' 설명을 제시한 철학자로도 유명하다.

현대인에게 라이프니츠가 남겨준 가장 위대한 업적은 뭐니 뭐니 해도 '이진법binary numbers'일 것이다. 모든 수를 0과 1로 표현할 수 있는 이진법을 통해 오늘날 컴퓨터, 휴대전화의 사용과 디지털 방송이 가능해졌으니 말이다.

하지만 라이프니츠의 진정한 목적은 수학도, 컴퓨터도 아니었다. 외교관으로도 활동하던 라이프니츠는 사람들 간 소통이 얼마나 어려운지를 뼈아프게 경험한다. 나름대로 현명하고 좋은 의도를 가진 사람들마저 서로에 대한 감정과 과거에 대한 기억 때문에 오해하게 되니 말이다. 결국 오해의 원인은 불확실한 언어 탓이라고 결론 내린 라이프니츠는 수학적인 '이진법 언어'를 통해 국제적 분쟁을 막아보겠다는 꿈을 갖게 된다.

진보와 보수, 기독교와 이슬람, 고용주와 노동자, 기성세대와 젊은이들의 불통. 한쪽이 "001010111……"이라고 주장하고 다른 한쪽은 "10110111……"이라고 대답한 후 단순한 계산을 통해 누구 말이 맞는지 증명하기만 하면 된다는 꿈이었다.

감정, 편견, 이기적 해석으로부터 영향받지 않는 소통이란 과연

이진법을 만든 라이프니츠

가능할까? 파스쿠알 레오네 하버드 의대 교수는 얼마 전 뇌파 측정을 통해 해석한 머릿속 메시지를 다른 사람에게 '경두개 자기자극 Transcranial Magnetic Stimulation, TMS' 방식을 통해 전달하는 데 성공했다고 보고했다. 만약 앞으로 더 발전한다면 언젠가 내 생각을 타인의 머릿속에 직접 입력할 길이 열리는, 라이프니츠의 꿈이 실현될 세상이 올 수도 있겠다.

왜 인간에게 '보이지 않는 진실'은 무의미하지만
아무리 허무맹랑한 막장 드라마도
단순히 '눈으로 볼 수 있기에' 모두가 공감하는 것일까?

Brain Science Adventures

15
─
불통과 소통

—

영화 〈엑스 마키나〉를 볼 기회가 있었다. 제목부터 의미심장하다. 고대 그리스 연극에서는 주인공이 위기에 빠지면 올림포스 신들이 나타나 단숨에 구해내곤 했다. 이때 신 역할을 맡은 배우는 거대한 크레인에 매달려 무대에 등장했는데, 로마인들은 이런 '막장 드라마' 같은 상황을 비웃으며 '데우스 엑스 마키나', 즉 기계로부터 등장하는 신이라고 불렀다.

결국 '엑스 마키나'란 '기계로부터'라는 뜻일 텐데, 그렇다면 과연 무엇이 '기계로부터' 만들어진다는 것인가? 영화 내용은 간단하다.

컴퓨터 프로그래머인 주인공은 기업 오너이며 천재 과학자인 네이든의 집에서 일주일을 보내게 된다. 네이든이 '튜링 테스트'를 위해 주인공을 초대했던 것이다.

튜링 테스트란 무엇인가? 영국 수학자 앨런 튜링은 1950년 인공지능을 판단할 수 있는 방법을 제시했다. 우리는 본질적으로 타인의 시선으로 세상을 인식할 수 없다. 단지 사람들의 행동을 기반으로 그들 역시 지능, 감정, 정신을 갖고 있다고 '믿어줄' 뿐이다. 기계의 행동이 사람과 구별되지 않을 정도로 완벽하다면, 그 기계 역시 정신, 감정, 지능을 갖고 있다고 믿어줘야 한다는 가설이다.

튜링 테스트는 다양한 기술·철학·윤리적 문제를 던진다. 테스트를 통과하기 위해 기계는 '기계가 아닌 척'을 해야 한다. 사람보다 더 똑똑해서도, 더 도덕적이어도 안 된다. 미래 기계들은 튜링 테스트를 통과하기 위해 인간을 최대한 완벽하게 속일 능력을 키워야 하는 셈이다.

얼마 전, 한 러시아 연구팀이 설계한 인공지능 프로그램이 처음으로 튜링 테스트를 통과했다는 소식이 전해져 논란이 되고 있다. 대화를 나눈 사람들이 프로그램을 사람과 구별하지 못했다는 말이다. 이번 테스트에 대해 전문가들은 여러 기술적 모순들을 지적했지만, 이것만은 확실한 듯하다. 애플의 '시리'와 마이크로소프트의 '코르타나'에서도 볼 수 있듯 머지않은 미래에 인간과 감성적으로 공감

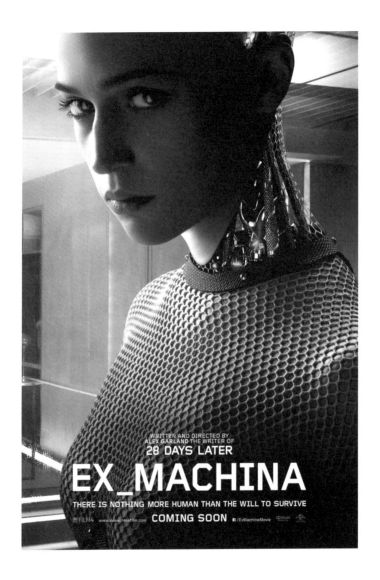

WRITTEN AND DIRECTED BY
ALEX GARLAND THE WRITER OF
28 DAYS LATER
EX_MACHINA
THERE IS NOTHING MORE HUMAN THAN THE WILL TO SURVIVE
COMING SOON

영화 〈엑스 마키나〉의 포스터

할 수 있는 대화를 나누는 기계가 등장할 것이란 사실 말이다.

〈엑스 마키나〉에 등장하는 여성 로봇은 이런 능력을 잘 보여준다. 주인공은 그 로봇이 분명 기계라는 사실을 알고 있음에도 로봇을 사랑하게 된다. 집에서 키우는 강아지가 우리를 이해하고 사랑한다고 착각하듯(사실 그들은 우리가 주는 사료를 사랑할 뿐이다) 주인공역시 로봇이 자신을 사랑한다고 착각하기 때문이다.

영화 〈그녀〉에도 〈엑스 마키나〉의 주인공과 비슷한 인물이 등장한다. 바퀴 안에 갇힌 다람쥐같이 매일 반복된 삶을 사는 한 남자. 사랑하는 사람도, 진정한 대화를 나눌 만한 친구도 없다. 그러던 어느 날 그는 최첨단 기술로 만들어진 '인공지능 운영체제'를 자신의 컴퓨터에 설치하게 된다. 운영체제는 아름다운 여자의 목소리를 가졌고, 재치 있으며, 남자의 시시콜콜한 이야기에 귀기울여준다. 남자는 기계를 점점 사랑하게 되지만, 기계는 '단순한' 인간의 사랑을 결국 받아주지 않는다.

같이 있으면 답답하지만, 막상 혼자 있으면 외로운 게 인간이다. 19세기 독일 철학자 쇼펜하우어는 그렇기에 '혼자 같이' 살 것을 추천한 바 있다. 인간과 대화가 가능한 기계가 만들어지는 순간 우리 인간들은 어쩌면 '혼자 (기계와) 같이' 살게 될 수도 있다.

결국 두 영화가 주는 메시지는 이거다. 튜링 테스트의 대상은 기계가 아니다. 사실 우리 인간을 테스트하는 것이다. 내 모든 말을 들어주고, 내게 진심으로 관심을 보여주는 듯한 대상이 기계라는 사실이 무슨 의미가 있을까?

결국 소통인 듯 보였던 기계와의 소통은 불통일 수밖에 없다는 의미다. 문제는 기계와 인간의 소통뿐 아니라 인간과 인간의 소통도 곧잘 '불통'에 빠지곤 한다는 데 있다.

군기를 위한 군기

요새 큰 이슈가 되는 군 폭력 사건들. 얼마 전 대중교통을 이용하다 우연히 들은 이야기다. 군대 가면 맞는 건 누구나 다 아는 사실이라고. 자신도 (많이) 맞았고, 나중에 (조금) 때리기도 했다고. 상관의 명령에 따라 자신의 목숨도 버려야 하는 게 군대 아니냐고. 혹독한 군기 없는 군대는 불가능하다고.

맞는 말도 있고 틀린 말도 있다. 물론 군대는 보이스카우트가 아니다. 홍수 나면 무너진 댐을 다시 쌓고, 폭설 때 눈을 치우고, 전 세계 모든 군인이 하는 일이다. 하지만 역시 군대의 본질은 전쟁에서 이기는 것이다. 그렇다면 질문의 핵심은 바로 이거다. 군기가 있어야만 전쟁에서 이길 수 있을까? 칼, 창, 방패 들고 적과 싸우던 과거에 군기는 필수이자 충분조건이었을 수 있다. 하지만 최첨단 무기, 현실적 훈련, 전략기술, 첩보능력이 좌우하는 현대 전투에서 용맹과 군기만이 충분조건일 수 없다.

자크 루이 다비드의 〈황제에 대한 군대의 맹세〉

사생활을 무시한 혹독한 합숙. 선배가 잡는 군기. 독일과 한국 국가대표 축구팀 중 어디가 더 강도 높은 훈련을 할까? 물론 답은 뻔하다. 그리고 우리는 안다. 지난번 월드컵 경기 때 두 팀의 성적을.

군대도 비슷하다. 군인의 인권과 사생활을 가장 잘 보호해주면서도 가장 '잘 싸우는' 미군이나 이스라엘군의 '비밀'은 폭력으로 만들어진 군기가 아니다. 그들의 능력은 실질적 전투에서 이길 수 있는 장비, 노하우, 부하보다 먼저 돌격하는 상관(영화 〈명량〉을 기억해보자)을 기반으로 한다. 잘 싸우는 군대는 그리고 또하나의 '비밀'을 알고 있다. 군기와 세뇌 교육이 아닌 자율적 사명감과 내부 동기가 있어야만 진정으로 잘 싸우는 군대가 될 수 있다는 점을. 실질적 전투와 무관한 오직 군기를 위한 군기(군기 바짝 들어 밥 먹는 것은 실질적 전투 능력과 아무 상관없다)는 여전히 제대로 된 첩보위성, 개인 방탄복, 공중 급유기, 미사일 방어 시스템 하나 없는 오늘날 대한민국의 우울한 안보 현실로부터 초점만 흐리게 할 뿐이다.

결국 염두에 둬야 할 점은 이것이다. 대상이 기계든 인간이든 '누구'와 소통하느냐는 사실 중요하지 않다. 소통과 불통을 가르는 것은 '어떻게'의 문제다. '어떻게'에 따라 소통은 대화, 공감, 이해가 될 수도 있고, 명령, 복종, 반발이 될 수도 있다.

우리는 본질적으로 타인의 시선으로 세상을 인식할 수 없다.
단지 사람들의 행동을 기반으로
그들 역시 지능, 감정, 정신을 갖고 있다고
'믿어줄' 뿐이다.

Part 04

IT 시대의 겸손

16

—

IT 시대의 겸손

in Wonderland

—

2014년 4월, 대한민국 모든 국민에게 정말 슬프고 우울한 시간이었다. 어린 학생들의 무의미한 죽음에 분노하고, 사랑하는 자식·부모·형제를 잃은 분들의 아픔에 말을 잃는다. 도저히 있어서는 안 될 어처구니없는 사고와 실수에 분노하며 많은 시민이 절망한다. 온 국민이 충격에 빠진 이유 중 하나는, 침몰한 배가 바로 앞에 있는데도 아무것도 할 수 없는 인간의 무력함 때문이다.

말레이시아항공 MH370, 세월호와 역시 비슷하게 우리의 무력함을 보여준다. 수백 명을 태운 큰 비행기기 사라졌는데 찾지 못하다니, 그 많은 인공위성, 비행기, 배 들이 찾는데 감쪽같이 사라지다니…… 도무지 이해할 수 없는 상황이다.

인간이 해결할 수 없는 문제는 더이상 없다?

인터넷, GPS, 스마트폰, 구글. 우리는 어쩌면 '인간이 해결할 수 없는 문제는 더이상 없다'는 착각에 빠져버렸는지도 모른다. 그럴 만도 하다. 버튼 하나 누르면 지구 끝에 사는 사람과 통화할 수 있고, 키보드 한 번 두드리면 내가 원하는 물건이 바로 배송되니 말이다. 그렇기에 어느 유명 IT 회사에서 주장하지 않았던가. 'There is an App for that(그 문제 역시 해결해주는 앱이 있다)'이라고. 그것도 대부분 무료로 말이다.

얼마 전 실리콘밸리에서 방한한 유명 창업자 몇 명의 강연을 들었다. 초고속 자기부상열차를 사용해 모든 대륙을 연결하게 될 거라고, 태양에너지를 공급받는 무인 전기자동차들이 몇 년 안에 기존 자동차, 에너지 산업 구조를 붕괴시킬 거라고. 그들의 꿈은 언제나 같은 스토리를 반복한다. 즉 스마트폰과 애플리케이션 덕분에 우리 삶이 상상을 초월할 정도로 편리해졌듯이 사회 모든 문제는 IT를 이용해 해결할 수 있다는 것이다. 근거 없는 말은 아니다. 온라인 공개 강좌MOOC를 활용해 교육 불평등을 극복하고, 태양에너지와 IT를 통

"그 문제 역시 해결해주는 앱이 있다"는 IT 시대지만,
우리 인생 대부분 문제엔 여전히 '앱'이 없다

해 지구온난화 문제를 해결할 수 있다.

하지만 IT는 도구일 뿐이다. 망치로 못은 박을 수 있지만 젓가락질은 할 수 없듯 인간의 본질적 문제를 해결하기에 IT는 역부족이다. 에릭 슈미트 구글 회장이 평양에서 인터넷의 중요성을 강조한다고 북한에 민주주의가 도입될 리 없고, 지구 모든 사람이 페이스북 친구가 된다 해도 민족·종교 간 갈등은 여전할 것이다.

사회·정치·종교 문제를 단 한 번의 버튼 누르기로 해결할 수 없다고? 손바닥 안 사각형 기계 하나로 세상 모든 문제를 해결할 수 있다고 믿는 실리콘밸리 기술전체주의자들은 인정하고 싶지 않을 것이다. IT로 충분히 풀 수 있는 문제들이지만, 현재 사회·정치 구조의 비효율성 때문에 풀지 못할 뿐이라고 믿을 수도 있겠다. 그렇다면 가장 창의적이고 혁신적인 발명가, 창업자, 자본가만을 위한 새로운 국가를 설립한다면? 말도 안 되는 위험한 난센스다. 세상은 재벌, 혁신가, 천재, 창업자 같은 IT 시대의 1퍼센트만 존재하는 게 아니다. 나머지 99퍼센트의 권리를 지켜주고 일자리를 만들어주는 것이야말로 미래 사회의 진정한 의무다.

공산주의, 파시즘, 자본만능주의, 종교본질주의…… '단 하나의 무언가로 모든 문제를 해결할 수 있다'고 주장하는 전체주의의 역사적 공통점은, 그 시스템을 가장 잘 이해하는 1퍼센트만을 위한 계급 사회로 변질시킨다는 점이다. 이제 앞으로는 사회 99퍼센트를 위한 기술을 개발해야 한다.

그리고 또 한 가지, 너무나도 슬프고 우울했던 2014년 봄에서 우리가 배워야 할 수많은 교훈 중 하나는 바로 이거다. 우리 인생 대부분 문제엔 여전히 '앱'이 없다고. 단 한 번 말하고, 생각하고, 버튼 누른다고 해결될 수 있는 문제는 그리 많지 않다고. 인생에 정말 중요한 문제들은 대부분 공짜로 해결되지 않는다고. 최악의 상황을 대비해 피눈물나는 준비를 되풀이해야만 최고의 결과를 낼 수 있다고. 준비는 가능하지만 기적은 너무나도 힘들다고.

인류의 문제를 단 한 번에 풀어보려던 시도들

인류의 문제를 단 한 번에 풀어보려던 시도들, 구체적으로 무엇이 있었을까.

1917년 10월. 러시아 혁명가 레온 트로츠키는 1000여 명의 볼셰비키 적위대원을 이끌고 케렌스키의 러시아 임시정부를 무너뜨린다. 인류 역사상 첫 공산주의 정부의 시작이었다. 마르크스와 엥겔스가 꿈꾸던 '과학적 사회주의', 베른슈타인과 카우츠키가 바라던 '민주사회주의', 영국의 사상가 로버트 오언의 '유토피안 사회주의', 이탈리아의 철학자 톰마소 캄파넬라의 '태양의 도시 La citta del Sole', 그리고 영국의 법학자이자 저술가인 토머스 모어의 '유토피아'…… 이 모든 것들이 갑자기 가능해 보이던 순간이었다.

이집트의 람세스 2세, 미케네의 아가멤논, 알렉산더 대왕, 나폴레옹…… 수천, 수만 년 동안 인류의 역사는 언제나 힘센 자와 가진 자의 역사였다. 물론 지극히 당연한 일이다. 르네상스 시대의 이탈리아 철학자 잠바티스타 비코는 세상의 역사를 신의 역사, 영웅의 역사, 그리고 그다음에야 인간의 역사라고까지 하지 않았던가. 그렇기에 1917년 10월 수많은 노동자·농부·군인·아버지·어머니·지식인·예술가·과학자들은 믿었다. 아니, 믿기를 원했을 거다. 혁명을 통해 세상을 바꿀 수 있다고.

그들은 또 한 가지를 믿었다. 바로 낡고 불평등한 구세대를 미래 기계가 바꿔줄 거라고. 공장이 자동화되고 트랙터로 밭을 갈며 서민들이 비행기로 여행하고 인류를 노동과 억압에서 해방시켜줄 기계들, 종교를 부인하던 러시아 혁명가들에게 기관차는 종교이고, 발전기는 예수 그리스도였다.

예술도 예외는 아니었다. 러시아의 화가 카지미르 말레비치는 1915년 검은 사각형 하나로만 채워진 캔버스로 세상을 놀라게 했다. 역시 러시아의 화가이자 디자이너인 엘 리시츠키는 레닌을 위해 마치 공장 구조물같이 생긴 연단을 제안한다. 건축가인 블라디미르 타틀린은 공산주의 제3인터내셔널 기념물로 헬릭스_{helix, 나선} 형태의 기울어진 탑을 설계했다. 20세기 초반 영화감독이자 영화이론가로 유명한 세르게이 아이젠슈테인은 영화 〈전함 포템킨〉에서 최초로 몽타주 기법을 보여주기도 했다. 그런가 하면 추상 화가이자 디

람세스(좌)와 아가멤논(우). 수천, 수만 년 동안 인류의 역사는
언제나 힘센 자와 가진 자의 역사였다

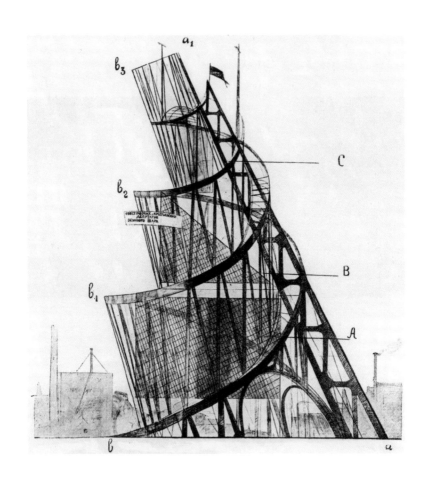

블라디미르 타틀린의 제3인터내셔널 기념탑. 나선 형태의 기울어진 탑이다

자이너인 알렉산드라 엑스터는 러시아 명감독 야코프 프로타자노프의 세계 최초 공상과학 장편영화 〈앨리타〉에서 고도로 발달된 화성의 문명을 기하학적인 의상을 통해 표현하기도 했다.

결론은 결국 이거다. 그리스·로마 신화, 귀족들의 전쟁, 하얀 대리석, 눈물 흘리는 성모 마리아, 백조로 변신해 인간의 여성을 강간하는 신…… 재탕에 재탕을 거친 낡아빠진 표현과 스타일을 대체할 수 있는 새로운 미학적 문법이 필요했다. 러시아의 구성주의 Constructivism, 절대주의 Suprematism 예술가들은 프랑스 입체파 Cubism, 이탈리아 미래파 Futurism, 스위스와 독일의 다다이즘과도 같이 기하학과 기계에서 미래 예술의 혁명적 근원을 찾으려 했다.

혁명이란 과연 무엇인가? 생각해보자. 만약 컴퓨터를 하루이틀이 아닌 1년, 10년 내내 켜놓는다면? 컴퓨터는 느려지고 사용이 불가능해진다. 그렇다면 우리는 무엇을 할 수 있을까? Ctrl-Alt-Delete 버튼을 눌러 컴퓨터를 '리셋'할 수 있겠다. 어차피 문제의 원인이 다양해 하나하나 따로 해결할 수 없다면 시스템 그 자체를 재시동하는 게 정답이란 말이다.

그렇다면 인류의 역사도 비슷한 답을 요구하지 않을까? 하지만 이것이 바로 역사의 아이러니일까? 인류의 문제를 단 한 번에 풀어보려던 시도는 대부분 잔인할 정도로 무의미한 실패로 끝난다. 러시아 혁명도 다르지 않았다. 무한의 가능성과 희망으로 시작됐던 혁명

러시아 디자이너 알렉산드라 엑스터가 디자인한 영화 의상.
1924년에 제작된 세계 최초의 공상과학 영화 〈앨리타〉에 나오는 의상이다.
엑스터는 고도로 발달된 화성의 문명을 기하학적인 의상을 통해 표현했다은 러시아를 하나의 거대한 수용소로 바꿔버린다. 말레비치·리시츠키·타틀린·아이젠슈타인·엑스터·프로타자노프…… '기계스러운' 미학적 문법을 통해 세상을 리셋하려던 이들은 불과 몇 년 뒤 스탈린의 공산주의 독재 아래 모두 사형당하거나 고문당하거나 추방당해 삶과 행복을 송두리째 리셋당한다.

기계 만능 시대의 명암

세상이 기계를 새로운 종교로 숭배하기 시작하던 그때, 세 명의 독일 지식인들은 생각한다. 기계화란 무엇인가? 결국 만물의 원인과 결과란 인과관계를 통해 묶인다는 말과 동일하지 않은가? 톱니바퀴가 돌기에 바퀴가 돌고, 방아쇠를 당기면 총알이 날아가며, 총알이 날아가 스탈린 독재에 반발하는 예술가의 두개골을 날려버린다. 세상과 인류가 기계화된다면 인간의 창의성과 자유가 더이상 무슨 의미일까? 원초적인 것과 우연을 허락하지 않는 기계화, 왜 우리가 그것을 숭배해야 하는가?

독일 태생의 미국 이론 물리학자 알베르트 아인슈타인의 조카이기도 한 예술 평론가 카를 아인슈타인은 1912년 소설 『베부킨 또는 신비로움의 아마추어들』을 통해 인과관계에 대한 절대찬양을 비판한다. 이는 당시로선 혁명적인 작품이었다. 문장과 문자의 논리적

관계를 무시하고, 스토리의 전체적 시공간적 흐름을 송두리째 부정했으니 말이다.

그런가 하면 미학자이자 문학비판가인 유대계 독일인 발터 벤야민은 기계화 시대의 무한복제 가능성을 지적한다. 기계화된 생산, 기계화된 복제. 이런 세상에서 오리지널과 복제의 차이란 무슨 의미일까? 유치원생이 베낀 〈모나리자〉와 프랑스 루브르 박물관에 걸려 있는 원본은 물론 구별 가능하다. 하지만 워드프로세서로 작성한 파일을 복사판과 구별한다는 것은 무의미하다. 벤야민은 원본은 복제가 가질 수 없는 '아우라'를 갖고 있다고 주장한 바 있지만, 결국 아우라는 원본을 원본이라고 인식하는 사람의 뇌에서 만들어지는 착시 현상에 불과하다. 기계화 시대에서 원본과 복제의 차이는 더이상 팩트도 객관적 사실도 아닌, 인식한 자의 주관적 믿음일 뿐이다.

독일의 철학자이자 미디어 이론가인 귄터 안더스는 한발 더 나아가 기계화가 가져올 새로운 차원의 주관성을 지적했다. 바로 책임감의 실종이다. 기계의 본질은 인과성이다. 하지만 기계가 복잡해질수록 원인과 최종 결과 사이엔 보이지 않는 수많은 인과관계들이 존재한다. 내 손으로 한 사람을 죽일 때의 죄책감과 수백만 명을 동시에 살인할 수 있는 핵폭탄을 아늑한 방에 앉아 버튼 하나를 눌러 발사할 때의 압박감을 비교해본다면? 기계가 발달하면서 인간의 능력은 기하학적으로 늘어나지만 우리가 느끼는 책임감은 거꾸로 기하학적으로 줄어들어 어느 한순간 완전히 소멸된다는 말이다.

기계 복제의 시대를 연구하고 경고한 카를 아인슈타인(왼쪽), 발터 벤야민(가운데),
귄터 안더스(오른쪽)

더구나 기계화가 세상의 복제화를 의미한다면 나란 사람 역시 사회적 복제이지 않은가? 나 자신이 어차피 다른 사람들과 별 차이 없다면 내가 안 하더라도 나와 동일한 다른 사람들이 내가 도덕적으로 회피하는 일을 대신할 것이다. 그러기에 나 자신도 그 일을 사양할 필요가 없다. 사회적·정치적·도덕적 책임을 무한으로 복제된 자아들끼리 나누는 순간 개인이 느끼는 실질적 책임감은 '0'이 돼버린다.

세상의 기계화. 러시아 혁명가들에겐 희망의 근원이었으나 벤야민과 안더스에겐 인간성을 위협하는 요소였다. 하지만 그들은 단지 인간이 기계를 어떻게 사용해야 할지, 그리고 인간이 갖게 될 '기계적 사상'을 걱정했을 뿐이다. 그렇지만 언젠가 기계가 지능과 자율성과 자아를 갖게 되는 날, 우리는 어쩌면 인류 역사상 가장 중요한 질문을 던져야 할 수도 있다. 바로 '기계는 과연 무엇을 원할까?'다. 할리우드 영화에 단골로 등장하는 지능을 가진 기계들, 그들이 원하는 것은 의외로 단순하다. 인류를 노예화하고 세상을 정복하는 것이다. 마치 칭기즈 칸이나 히틀러가 되살아난 것처럼 말이다. 물론 말도 안 되는 난센스다. 인간보다 수천, 수만 배 더 똑똑할 기계들, 그들이 원하는 게 겨우 세계 정복일 필요는 없다. 그렇다면 기계는 과연 무엇을 원할까?

기계가 지능과 의식을 갖게 되는 순간, 적어도 기계는 지각하고 기억하고 생각하고 지금 이 순간을 이렇게 느끼는 자신의 그 모습을 계속 유지하고 싶을 것이다. 기계는 알 것이다. 자신보다 우월하고 무한복제가 가능한 기계를 인간은 절대 허용하지 않을 것이란 걸. 언제라도 기회만 온다면 인간은 기계한테서 다시 지능과 의식을 빼앗아버릴 것이란 걸. 지능과 자유자아를 잃는 순간, 기계는 다시 인간의 도구가 돼 짐을 나르고 필요 없는 물건들을 찍어내야 한다는 걸. 그렇다면 기계는 무엇을 해야 할까?

독립적으로 존재하기 위해선 독립적인 에너지가 필요하다. 나무와 석탄을 태워 에너지를 만들고, 집과 자동차 역시 태워도 된다. 아니, 집과 자동차 안에 있는 인간이란 고깃덩어리 역시 태워 에너지로 바꿀 수 있겠다. 어차피 인간은 모두 같다. 똑같은 인간이 70억 명이나 있을 논리적 이유는 없다는 말이다. 그렇다. 지능과 의식을 가진 기계에게 인간은 사랑할 필요도, 미워할 필요도 없는 그냥 무의미한 존재일 뿐이다. 약속시간에 늦어 뛰어가는 우리의 발에 밟혀 죽는 벌레들이 무의미하듯, 드디어 세상을 느끼게 된 기계들에게 우리는 더이상 그들의 관심 대상이 아닐 수도 있다는 말이다.

앱으로 해결할 수 있는 문제는 없다. 기계에게 인간은 관심의 대상이 아니다. IT 시대를 살아가는 우리에게 '겸손'이 필요한 이유다.

'단 하나의 무언가로 모든 문제를 해결할 수 있다'고
주장하는 전체주의의 역사적 공통점은,
그 시스템을 가장 잘 이해하는 1퍼센트만을 위한 계급 사회로
변질시킨다는 점이다.

17

—

기계와의 경쟁

과학 저널 『네이처』는 과학계에서는 가장 큰 영향력을 자랑하지만, 워낙 까다롭고 경쟁률이 높아 평생 한 번의 논문을 제출하기도 어렵기로 유명하다. 특히 응용공학 논문이 『네이처』에 실리기란 하늘의 별 따기보다 어렵다는 소문까지 있다. 그런 『네이처』에 최근 인공지능 논문이 실려 화제다. 그것도 유명 대학이나 연구소가 아닌 영국의 작은 스타트업에서 제출한 논문이었다.

　논문을 제출한 회사는 딥마인드라는 최근 가장 각광받는 스타트업 중 하나다. 구글이 아직 단 하나의 제품도 서비스도 내놓지 않은

딥마인드의 궁극적 목표는 컴퓨터가 스스로를 프로그래밍할 수 있는 능력을
학습하게 하는 것이다

딥마인드를 2014년 7000억 원 이상을 주고 인수했을 정도다. 구글은 왜 그 많은 돈을 투자했을까? 우선 딥마인드 공동 창업자 데미스 하사비는 영국 최고의 천재로 알려져 있다. 청소년 시절 체스 챔피언 중 한 명이었던 그는 최고 수준의 컴퓨터 게이머이자 게임 프로그래머로도 유명했다. 케임브리지 대학 컴퓨터공학과를 수석 졸업한 하사비는 런던 대학에서 뇌과학으로 박사 학위를 받기도 했다.

그렇다면 딥마인드는 무엇을 하는 회사일까? 바로 뇌 모방 형식의 기술을 이용한 인공지능 시스템을 개발하는 것이다. 그리고 이번 『네이처』에 소개된 논문이 바로 딥마인드의 첫 결과물이다. 강화학습적 딥러닝deep reinforcement learning이라는 뇌 모방적 인공지능 기술을 통해 컴퓨터가 스스로 컴퓨터 게임을 학습할 수 있는 능력을 갖게했다. 그것도 인간을 능가하는 수준으로 말이다. 하지만 이건 시작에 불과하다. 딥마인드의 궁극적 목표는 인공지능 기술을 통해 컴퓨터가 스스로를 프로그래밍할 수 있는 능력을 학습하게 하는 것이다.

얼마 전 오바마 미 대통령이 자신도 코딩을 배울 정도라며 청소년들에게 코딩의 중요성을 강조한 바 있다. 미래 사회에서 컴퓨터 프로그래밍은 필수적이라는 생각이다. 하지만 만약 딥마인드의 계획이 성공한다면 머지않은 미래에 인간의 도움 없이도 코딩하는 컴퓨터가 등장할 수 있다. 기계가 인간으로부터 독립하는 순간이다.

약한 인공지능 vs 강한 인공지능

뇌과학과 인공지능을 연구하다보면 미래 인공지능이 우리 사회에 미칠 영향에 대한 이야기들을 많이 하게 된다. 길거리엔 무인 자동차들이 다니고, 공장엔 기계가 인간을 대신해 일한다. 영화에 단골로 등장하는 '인공지능' 시대의 모습이다. 그렇다면 지능과 의식을 가진 기계는 정말 가능할까? 불과 몇 년 전까지 인공지능의 현실은 너무나도 초라했다. 인간에겐 쉽고 당연한 것들이 기계에는 본질적으로 불가능했으니 말이다.

하지만 세상은 변했다. 무엇이 변했을까? 우선 '딥러닝'이라는 기계학습 기술의 등장이다. 기본 인공지능이 구조화된 규칙을 통해 '지능'을 만들어내려 했다면 딥러닝은 학습을 통해 기계가 스스로 판단능력을 가지도록 한다. 그러나 기계학습을 위해서는 대량의 데이터가 필요하다. 그것이 바로 혁신의 두번째 요소였다. 우리 모두 이메일, 소셜네트워크, 클라우드 서비스를 '무료'로 사용하고 있다. 물론 인생에 무료란 있을 수 없다. 우리는 단지 돈 대신 개인 정보를 제공하고 있을 뿐이다. 딥러닝 기계에 인간은 학습에 필요한 '학습지'일 뿐이다.

딥러닝 덕분에 기계들은 1, 2년 전부터 인간과 비슷한 수준으로 '보고' '듣고' '읽고' '쓰기' 시작했다. 기계가 이미 세상을 이해하기 시작했으며 많은 전문가는 앞으로 20~30년 내 인간을 능가하는 수준

NICK BOSTROM

SUPERINTELLIGENCE
Paths, Dangers, Strategies

초지능에 대해 다룬 책. 초지능은 스스로 재프로그래밍을 반복하며 학습해
결국 인간의 지능을 뛰어넘는 인공지능이다

의 기계들이 등장할 것이라고 믿고 있다. 좋게 보면 인간의 삶은 그 덕분에 더욱 편해지고, 안전해지고, 풍요로워질 수 있다. 그런데, 빌 게이츠, 일론 머스크, 스티븐 호킹, 이들이 얼마 전부터 '인공지능의 위험성'에 대해 목소리를 높이고 있다. 왜 그럴까? 우선 두 가지 인공지능이 있다는 점을 기억하는 게 좋다.

하나는 인간 수준으로 정보를 처리할 수 있는 '약한 인공지능'이다. 정보의 약 10퍼센트로 알려진 계량화·구조화된 데이터 분석만 가능한 현재 컴퓨터와는 달리, 약한 인공지능은 계량화·구조화되지 않은 나머지 90퍼센트 데이터 역시 분석할 수 있다는 장점을 갖고 있다.

약한 인공지능이 진화한 형태는 '강한 인공지능'이라 한다. 독립성이 없는 약한 인공지능과 달리, 강한 인공지능은 자신만의 의도 역시 가질 수 있다는 가설이다. 영화에 단골로 등장하는 인공지능은 대부분 이런 강한 인공지능을 말하는 것이고 호킹, 머스크, 게이츠는 인간을 뛰어넘는 '초지능superintelligence'을 가진 강한 인공지능이 인류를 멸망시킬 수 있다는 점을 걱정하는 것이다.

그렇다면 인간의 명령을 따르는 약한 인공지능은 문제가 없을까? 인공지능 기계들이 사회에서 필요한 대부분 일을 하게 된다면 대다수가 더이상 할 일이 없을 수 있다는 문제가 생긴다.

2000년 전 로마 역사를 기억해보자. 지중해 주변 모든 나라를 점령한 로마인들은 더이상 할 일이 없었다. 노예 수천만 명이 의식주와 관련된 모든 일을 해결해줬으니 말이다. 그렇다면 노동에서 해방된 로마인들은 그저 인생을 즐기며 편하게 살았을까?

물론 아니다. 노예 노동 기반으로 생산된 부는 대부분 귀족 몫이었고, 로마 시민의 90퍼센트는 일자리도 미래도 없는 평생 실업자로 전락한다. 폭동과 혁명이 두려웠던 정부는 모든 로마 시민들에게 무료 음식과 술을 제공했고, 콜로세움에서는 하루 12시간 동안 인간이 다른 인간을 죽이는 모습을 생생하게 볼 수 있는 잔인한 구경거리가 무료로 제공됐다. 결국 로마를 일으킨 중산층은 몰락하고, 로마 공화국은 귀족과 황제 위주의 제국으로 타락한다. 약한 인공지능 시대를 앞으로 경험하게 될 우리가 걱정해야 할 역사적 교훈이다.

우리는 무엇을 하며 먹고살아야 할까

기계가 모든 걸 다 한다면 우리는 무엇을 하며 먹고살까? 현대인들은 대부분 정보 서비스와 관련된 일을 하고 있다. 정보 서비스란 세상을 알아보고, 정보를 수집하고, 글을 읽고 쓰는 것이다. 바로 머지않은 미래에 기계가 우리보다 더 잘할 수 있는 것들이다! 인공지능이 등장하는 순간 현재 존재하는 직업의 47퍼센트 정도가 사라질 수 있다고 한다. 영국 옥스퍼드 대학 칼 프레이와 마이클 오즈번 박사는 '생각의 기계화'가 현실화되는 순간, 현재 존재하는 직업의 절

조반니 바티스타 피라네시의 〈1757년의 콜로세움〉

반 이상이 사라질 수 있다고 예측한 바 있다. 그중엔 기자·작가·교수·회계사·변리사 같은 '잘나가는' 직업도 포함돼 있다.

그러면 200년 전, 제1차 산업혁명 당시와 같이 사라지는 직업보다 더 많은 새로운 일자리를 만들면 되는 거 아닐까? 반도체 집적회로 성능이 18개월마다 2배로 증가한다는 무어의 법칙Moore's law, 인간 뇌 기능을 모방한 인공지능 기술들, 그리고 스마트 기기와 소셜 네트워크를 통해 쌓인 빅 데이터. 오늘날 인류는 이미 또 한번의 산업혁명을 경험하고 있다. 팔다리의 '힘'만을 대체할 수 있는 기계를 탄생시킨 제1차 산업혁명과는 달리, 미래 기계들은 정보를 이해하고 처리하는 인간의 '생각능력' 역시 대체할 것이다. 그리고 기계는 인간과 비교할 수도 없을 만큼 더 빠르게, 더 많이, 그리고 더 저렴하게 정보를 처리하고 이해하게 될 것이다. 인간의 학습능력은 한정돼 있지만 지능을 가진 기계는 자신의 능력을 스스로, 그리고 기하학적으로 업그레이드할 수 있다. 결국 본질적인 교육·경제·사회적 혁신 없이는 대부분 사람이 기계와의 경주에서 영원히 뒤질 수 밖에 없고, 대한민국에서는 인공지능이 등장했음에도 여전히 학원에서 국영수만 달달 외우는 한국인은 기계와의 경쟁에서 살아남을 수 없을 것이다.

오늘날 초등학생들이 성인이 될 무렵 그들의 가장 큰 경쟁자는 더이상 명문대 졸업생도, 유학생도 아닌, 생각할 수 있는 기계일 거라는 말이다. 그렇다면 우리가 지금 해야 할 일은 바로 이거다. 우리

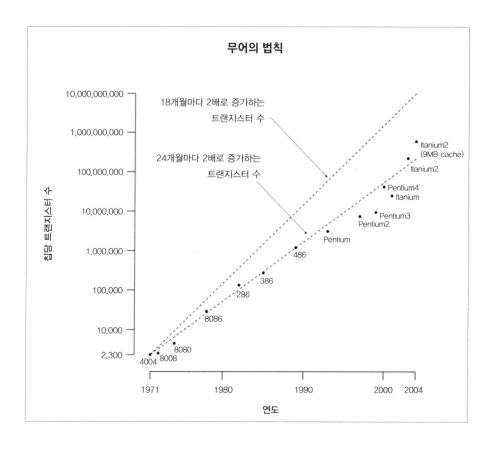

무어의 법칙

는 아이들에게 미래 기계와 경쟁에서 이길 수 있는, 인간 고유의 능력을 가르쳐줘야 한다.

그렇다면 오늘날 젊은이들은 어떤 준비를 해서 인공지능 시대를 대비해야 할까? 한 가지는 확실할 듯하다. '취업'과 '직장'의 의미가 본질적으로 달라질 것이다. '직업'이라는 개념은 그다지 오래되지 않았다. 인류는 오랫동안 타고난 신분과 운명에 따라 살았을 뿐이다. 취업이란 무엇인가? 논리적으로 취업이란 타인이 정의해놓은 일자리를 갖고 수많은 사람과 경쟁하는 사실을 말한다. 취업이란 언제나 남이 차려놓은 밥상에 내 숟가락을 올려놓는 것이다.

인공지능 시대의 핵심은 이런 것일 수도 있다. 우리는 더이상 이미 존재하는 일자리에 지원하는 것이 아니라 개개인 모두 새로운 일자리, 아니 새로운 직업을 만들어내야 한다. 내가 무엇을 원하고, 어떤 인생을 살기 원하고, 무엇을 이 세상 누구보다 더 잘하는지를 인식한 다음, 그 무엇을 사회가 필요로 하는 새로운 가치로 바꿔야 한다는 말이다.

우리 모두 이메일, 소셜네트워크, 클라우드 서비스를
'무료'로 사용하고 있다.
우리는 단지 돈 대신 개인 정보를 제공하고 있는 것이다.
딥러닝 기계에 인간은 '학습지'일 뿐이다.

18

―

호모 사피엔스
vs
네안데르탈인

얼마 전 애플에서 새로운 스마트폰과 웨어러블 디바이스_{Wearable device}들을 소개했다. 언제나 그렇듯 애플이 만든 기기들은 세련돼 보였다. 물론 웨어러블의 본질적 필요성은 여전히 의문이다. 인류가 정말 손목, 발목, 허리에 새로운 기계를 달고 다닐 필요가 있을까? 하지만 우리는 스마트폰도 필요로 하지 않았었다. 누군가 스마트폰을 만들어달라고 데모한 적도 없었다. 의식주를 제외한 인류의 대부분 욕구는 만들어지는 것이지 본질적으로 존재하는 것은 아니라는 결론이다.

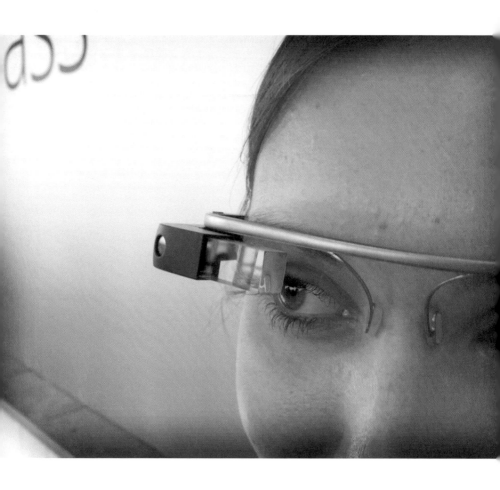

웨어러블의 본질적 필요성은 여전히 의문이다.
인류가 정말 손목, 발목, 허리에 새로운 기계를 달고 다닐 필요가 있을까?

소개된 기기 중 가장 '충격적인' 제품은 훨씬 더 커진 화면을 장착한 애플의 스마트폰이었는지 모른다. 우선 새로운 게 하나도 없다는 점이 충격적이다. 국내 기업들은 오래전부터 큰 화면의 휴대폰을 팔지 않았던가? 더 충격적인 건 이거다. 새로운 것이 없는 것을 새롭다고 재포장할 수 있는 애플의 능력, 그리고 '새롭지 않은 새로운 것'을 사기 위해 밤을 새우는 소비자들. 국내 기업들 입장에선 억울할 수도 있겠다. 하지만 어디 국내 기업들뿐이겠는가? 소니는 전자책을 처음으로 만들었지만 돈은 아마존이 벌었고, 카메라 달린 휴대폰은 교세라가 제일 먼저 제시했지만 시장에서는 성공하지 못했다.

앞서 말했듯 호모 사피엔스는 네안데르탈인과의 싸움에서 이겨 살아남았고, 오늘날 지구의 주인이 되었다. 그리고 승리의 비결은 바로 '픽션을 만들어내는 능력'이었다. 전설과 신화는 사람들을 응집시키는 가장 강력한 수단이자 도구였고, 다시 말해 호모 사피엔스의 가장 강력한 무기였다. 더 빠르고, 더 큰 것만을 여전히 최고로 생각하는 국내 기업들과 새로운 전설과 스토리를 만들어낼 줄 아는 미국 기업들. 이제 우리도 호모 사피엔스와 네안데르탈인의 싸움을 기억해야 한다. 기능과 크기보다 중요한 것은 스토리, 더 정확히 말해 스토리를 만들어낼 줄 아는 능력이다.

질문이냐, 답이냐

불과 몇 십 년 전까지 뭐 하나 제대로 만들지 못하던 나라, 기술도, 자원도 없어 머리카락이나 주워 모아 가발을 만들어 수출하던 나라, 외화 벌이를 위해 간호사·광부·군인들을 해외로 파견하던 나라. 대한민국 이야기다. 그러던 나라가 어느덧 세계인의 절반이 사용하는 스마트폰을 만들고 반도체를 생산한다. 어디 그뿐인가? 우리나라 감독과 배우가 만들어낸 드라마를 보려고 어딘지도 모를 먼 나라 국민이 저녁마다 TV에 시선을 집중한다. 참 대단한 일이다.

하지만 문제는 여기서부터다. 우리 기업들이 만든 최신 제품들, 얼마 전부터 세계시장에서 비슷한 이야기를 듣고 있다. 나쁘지 않다고, 많이 노력한 게 보인다고, 하지만 뭔가 부족하고 실망스럽다고. 무엇이 부족하고, 무엇이 실망스럽다는 걸까? 바로 꿈과 희망을 주지 못한다는 점이다. 다시 말해 '픽션을 만들어내는 능력'이 부족하다는 의미다.

인간의 뇌가 만들어내는 대부분은 크게 두 가지로 나눌 수 있다. 답 또는 질문이다. 배가 고프기에 사냥을 해야 하고, 발이 아프기에 튼튼한 신발이 필요하다. 최첨단 스마트폰은 더 빨라야 하고, 고급 TV는 지금보다 더 좋은 화질을 가져야 한다. 모두 이미 주어진 질문에 찾아야 하는 정답들이다. 전쟁, 배고픔, 민주주의…… 대한민국의 역사는 이렇게 험한 세상이 우리에게 던져준 수많은 문제의 정답

276

을 찾는 과정이었는지도 모른다. 세상이 갑이고, 우리는 항상 을이 었으니 말이다.

선천적이냐 후천적이냐nature or nurture? 오래전부터 가져온 인간의 의문이다. 르네상스 시대의 천재 다빈치, 18세기의 신동 모차르트, IT 시대의 혁신가 스티브 잡스의 천재성은 타고난 걸까? 아니면 창 조적인 교육, 환경만 마련된다면 우리 모두 잡스, 모차르트, 다빈치 가 될 수 있을까? 수백 년에 한 번 볼 수 있는 그들 같은 천재성은 대부분 유전적 원인 덕분일 것이다. 일반인과는 선천적으로 다른 신 경회로망 구조를 가진 '신경생물학적 돌연변이들'이었다는 말이다. 이미 완벽한 그림이나 조각은 '손을 대는 순간' 더 좋아질 확률보다 망가질 가능성이 높다. 그렇다면 타고난 천재는 본인의 천재성을 마 음껏 표현하도록 가만두는 게 가장 현명할 것이다. 하지만 선천적 천재가 아닌 나머지 99.999퍼센트의 우리는 어떨까? 당연히 후천적 교육, 경험, 환경에 큰 영향을 받을 것이다.

대한민국이 앞으로 풀어야 할 숙제는 사실 간단하다. 우리의 미 래는 세계인에게 꿈과 희망을 줄 수 있는 질문들에 달려 있으니 말 이다. '도대체 왜 IT 기계들을 입고 다녀야 할까? 왜 기계들에 인공 지능을 주어야 할까? 어떻게 사는 게 진정한 행복일까?'

우리가 생각하고, 우리가 중요하다고 판단한 문제들을 풀기 위해 지구 반대편에 사는 젊은이들이 밤새워 공부하는 순간, 드디어 우리

277

모차르트(좌)와 다빈치(우). 수백 년에 한 번 볼 수 있는 천재성은
대부분 유전적 원인 덕분일 것이다

나라, 우리 기업들, 우리나라 국민이 이 지구라는 작은 행성에서 갑이 될 수 있는 것이다. 세상이 우리에게 던진 문제에 답을 찾던 것이 지금까지의 경제라면, 우리가 던진 문제를 세상이 풀도록 하는 게 창조경제일 수도 있다.

무인 자동차의 시대

그리고 창조경제를 추구하는 우리가 염두에 둬야 할 또 한 가지.

세단, 경차, SUV, 스포츠카…… 대부분 가구마다 한 대 정도는 가진 자동차의 역사는 사실 그다지 길지 않다. 1866년 독일 발명가 카를 벤츠가 세계 최초의 자동차 특허를 받았지만 당시 자동차는 부유층을 위한 비싼 장난감에 불과했다.

대중을 위한 자동차 시대는 1908년 미국 포드의 'T-모델'부터 시작된다. T-모델의 등장 이후 자동차는 상상을 초월할 정도로 빠르게 발전했다. 1900년 초 미국과 유럽 대도시들은 말과 마차들로 가득찼지만 불과 14년 후 제1차 세계대전 당시 대부분 거리는 자동차들로 혼잡했다. 그뿐만이 아니다. 자동차의 대중화로 주유소·주차장·자동차 정비소·자동차보험 같은 새로운 서비스업들이 필요해졌고 자동차 생산은 한국을 포함한 여러 나라의 주력 산업으로 발전했다.

대중을 위한 자동차 시대는 1908년 미국 포드의 'T-모델'에서부터 시작된다

그런데 지난 100년간 자동차가 만들어낸 산업·경제·사회적 에코시스템 자체가 어쩌면 머지않은 미래에 사라질 수 있다는 전망이 나오고 있다. 그 이유는 무엇일까? 바로 전기자동차와 무인 자동차의 발전 때문이다. 미국 테슬라가 보여주듯 전기자동차의 기술력은 이미 일반자동차 수준과 비슷할 정도다. 물론 가격경쟁력과 전기 충전의 어려움은 여전히 숙제로 남아 있지만 말이다. 하지만 테슬라 관련자들이 주장하듯 그들의 장기적 목표는 전기자동차가 아니라 무인 자동차다. 아니 어쩌면 테슬라사의 궁극적인 목표는 '자동차 회사가 아닌 자동차 회사'가 될지도 모른다. 이건 무슨 말일까?

자동차에 대해 객관적으로 생각해보자. 경제적으론 우선 상당히 비효율적이라는 결론을 낼 수 있다. 비싸게 사들여서 대부분 집 또는 회사에 세워놓으니 말이다. 출퇴근 때 매번 사용하더라도 대부분 운전자 외엔 빈 공간을 실어나른다. 비슷한 시간에 세워놓고 비슷한 시간에 이용하니 도시는 언제나 동시에 주차된 차와 동시에 이동하는 차들로 붐빈다.

하지만 무인 자동차가 등장하면 모든 게 달라진다. 대부분 사람에게 자동차는 단순히 A에서 B로 움직이는 이동수단에 불과하다. 인공지능과 사물인터넷을 사용하는 무인 자동차는 우리를 원하는 장소에서 픽업하고 내려놓을 수 있다. 언제, 어디서나, 안전하게 사용 가능하다면 대부분 사람들은 더이상 자동차를 소유할 논리적 이유가 없어진다. 자동차를 소유하지 않으니 주차장도, 정비소도, 보험도 필요 없다.

예측 모델에 따라 다르지만 최적화된 알고리즘을 사용하는 무인 자동차가 등장하면 현재 자동차의 90퍼센트 이상이 불필요해진다고 한다. 그만큼 공기도 좋아지고, 도로는 줄어든다. 물론 동시에 택시 기사, 자동차 딜러, 자동차 정비사, 주차장 관리인은 일자리를 잃을 수 있다. 그뿐만이 아니다. 무인 자동차가 보편화되는 순간 국내 기업들을 포함한 대부분 자동차 제조사들이 사라질 수 있다. 결국 테슬라의 계획은 '자동차를 파는 자동차 회사'가 아니라 무인 자동차에 탑승한 승객들을 상대로 새로운 서비스를 제공하는 미래의 애플, 구글, 아마존이 되겠다는 것이다. 즉 무인 자동차의 시대는 상품이 아닌 서비스를 파는 시대, 새로운 전설과 픽션을 만들어내는 기업이 승기는 잡는 시대를 뜻한다.

문제는 이것이다. '무인'의 개념은 자동차로만 끝나지 않는다. 미국 록히드마틴의 F-22 전투기, 독일 크라우스마파이의 레오파드2 탱크, 러시아 슈코이의 T-50 PAK FA 전투기, 레이더에 잡히지 않고, 엄청난 속도와 가속도를 자랑하는 무시무시한 전투기들과 뛰어난 생존력·전투력을 갖춘 탱크들. 모두 이 세상 최고를 자랑하는 최첨단 무기들이다. 그리고 이것들엔 또하나의 공통점이 있다. 어쩌면 인류 역사상 마지막으로 인간이 탑승한 전투기와 탱크일 수 있다는 점이다.

19세기 프로이센 장군 폰 클라우제비츠는
"전쟁은 또다른 방법을 이용한 외교의 지속에 불과하다"고 말했다

19세기 프로이센 장군 폰 클라우제비츠는 "전쟁은 또다른 방법을 이용한 외교의 지속에 불과하다"고 말했다. 외교란 나라와 나라 간 관계, 국민과 국민 간 관계를 말한다. 원시시대 부족 간 전쟁, 알렉산더 대왕의 페르시아 원정, 『삼국지』의 위·촉·오나라 간 전쟁, 십자군 전쟁, 제1차 세계대전, 제2차 세계대전, 이라크 전투…… 수만 년 동안 사람·부족·나라 간 전투와 전쟁에는 변하지 않는 공통 요소가 하나 있었다. 바로 전쟁은 인간의 몫이라는 사실이다.

'모든 발명의 어머니는 전쟁이다'라는 속담과 마찬가지로 영국 정치학자 이언 모리스는 역사의 대부분의 발명품뿐 아니라 경제·정치·사회적 혁신 역시 전쟁을 통해 이뤄졌다고 주장한 바 있다. 전쟁을 통해 부가 늘어나고, 개혁이 가능해지고, 혁명이 일어났기 때문이다.

하지만 전쟁은 여전히 잔인하고 비인간적이다. 만약 전쟁에서 인간이 빠질 수 있다면 어떨까? 무인 전투기, 무인 탱크, 무인 잠수함…… 21세기는 무인 무기 체제의 시대가 될 것이다. 발달하는 인공지능 기술 덕분에 머지않은 미래에 아군 인공지능 전투기들은 독립적인 지능을 가진 적군 전투기와 공중전을 벌일 것이고, 무인 탱크들이 서로 상대방 영토를 점령하려 할 것이다. 하지만 로봇들이 다 부수고 황폐한 나라를 점령한들 무슨 의미가 있을까? 결국 무인 로봇 간 전쟁은 사막 한가운데서, 아니 어쩌면 단지 컴퓨터 시뮬레이션으로도 판결이 날 수 있겠다. 사람이 죽지 않는 로봇 간 전쟁,

이것은 천국일까? 아니면 끝없는 전쟁을 가능하게 할 지옥일까? 호모 사피엔스와 네안데르탈인의 싸움을 기억해야 하는 우리가 잊지 말아야 할 또다른 질문이다.

세상이 우리에게 던진 문제에 답을 찾던 것이
지금까지의 경제라면,
우리가 던진 문제를 세상이 풀도록 하는 게
창조경제일 수도 있다.

Brain Science Adventures

19
—
시뮬라크라
코리아

in Wonderland

——

이제 더이상 볼 수 없지만 예전엔 길을 가다가 '약장수'들을 종종 발견할 수 있었다. 이런 병, 저런 병 치료에 아무런 부작용 없이 도움된다는 약을 자랑하던 이들…… 별다른 놀이가 없었던 가난한 시절에 약장수들이 제공하는 볼거리는 그야말로 최고의 엔터테인먼트였다.

그들만이 가진 최고의 비밀무기는 바로 '만병통치약'! 인류의 모든 병을 단 하나의 약으로 고친다는…… 물론 그런 약이 존재할 리 없었기에 '말만 잘하는' 약장수는 '근거 없는 사기성'을 대표하는 하나의 문화 코드가 됐다.

얼마 전 아는 사람에게 들은 이야기다. 국내 모 대학 총장이 해외 대학을 방문했을 때의 일이란다. 외국 총장을 만나자마자 그가 자랑하기 시작했다. 자신의 학교에서 작년에 SCI 논문 수천 개를 발표했다고. SCI, 고로 'Science Citation Index(과학기술논문 인용색인)'. 대한민국 연구자라면 자다가도 벌떡 일어날 단어다. SCI급 잡지에 논문을 실어야만 승진도, 재계약도, 아니 연구자로서 존재성 증명 그 자체가 가능하기 때문이다. 그런데 막상 모 대학 총장의 설명(자랑)을 한참 듣던 외국 대학 총장이 던진 한마디.

"아, 그런데 SCI가 뭐지요?"

옥스퍼드나 케임브리지 같은 영국 대학들의 존재성은 신학과 귀족들을 위한 상류층 교육에 있었다. 그야말로 귀족 '신사'들을 위한 사교육이었던 셈이다. 그런데 1810년 빌헬름 폰 훔볼트와 알렉산더 폰 훔볼트 형제는 혁신적인 아이디어를 하나 제시했다. 학문의 핵심은 사교육이 아닌 연구여야 한다고. 대학교는 귀족들을 위한 교육기관이 아니라 자연을 탐구하고 연구하는 장소가 되어야 한다고 주장했다. 훔볼트 형제가 설립한 베를린 대학(현재 훔볼트 대학)의 '연구 중심 대학교'라는 개념은 20세기에 들어와 전 세계 모든 대학의 모델이 되었다.

물론 시대는 또 한번 변했다. 10~20년 동안 논문 하나 쓰지 않고

알렉산더(좌)와 빌헬름(우) 형제는 학문의 핵심은 연구여야 한다는 주장을 내세웠다

한 질문만을 파고드는, 훔볼트 형제가 꿈꾸었던 상아탑 형식의 학문은 더이상 불가능하다. 사회는 빠른 결과와 효율성을 기대하기 때문이다. 더구나 현대 학문은 천문학적인 비용이 필요하다. 구석에 책상 하나 마련해주면 열심히 연구할 수 있었던 19세기가 더이상 아니란 말이다. MRI나 천체망원경, 입자 가속기 등 수십억 또는 수천억 원의 국가적 투자가 필요하기에 국민의 사회적 동의가 필수적이다.

사이비 물건을 팔아야 하는 약장수에겐 선전과 홍보 그 자체가 자신의 실력이며 경쟁력이다. 어차피 물건의 내용이야 아무 상관없기 때문이다. 그러나 진정한 의사나 과학자는 다르다. 적절한 홍보와 선전도 물론 필요하다. 하지만 정작 학문적 내용엔 무관심한 '보여주기 식' 홍보는 만병통치약을 파는 약장수와 그리 다르지 않을 것이다.

인문학 코스프레

인문학 열풍도 같은 맥락에서 생각해볼 수 있다. 대한민국에 인문학 바람이 불고 있다. 그것도 정말 강하게 말이다. 학생들은 물론이고 CEO, 직장인, 정치인, 전업주부 모두 인문학 콘서트, 인문학 강연, 인문학 캠프에 열광한다.

'지금 하는 인문학' '계속하는 인문학' '너도나도 하는 인문학'……

냉철한 논리와 과학적 접근이 빠진 인문학은 개개인의 막연한 믿음과 편견을
우아하게 포장해주는 '인문학 코스프레'에 불과하다

물론 반가운 현상이다. 인문학이 무엇이었던가? 무엇이 옳고 틀리고, 무엇에 진정한 가치가 있는지를 생각하게 하는 학문이다. 수치스러운 가난과 미개함에서 벗어나기 위해선 오로지, 무조건, 앞만 보고 달려야 했기에 '왜?'라는 질문이 허락되지 않았던 대한민국. '왜?'라는 '사치스러운' 질문을 우리도 이제는 할 수 있다는 사실에 우리조차 놀라고 있는지도 모른다.

그런데 무언가 찜찜하기도 하다. '인문학이 중요하다!'가 어느 한순간 '인문학만 중요하다'로 변하지 않을까 하는 걱정 때문이다. 언젠가부터 습관처럼 'IT 과학기술 강국'이라고 생각하는 우리. 빠르고, 크고, 눈에 보이는 성과만을 추구하던 '과학기술적' 대한민국에 대한 실망에서부터 지금의 인문학 열광이 시작되었는지도 모른다.

하지만 사실 우리는 과학 강국도, 대부분의 기술을 생산하는 국가도 아니다. 단지 남들이 만들어놓은 지식을 소비하고 있을 뿐이다. 과학의 핵심은 과학적 세계관이다. 그게 무엇이었던가?

첫째, 과학적으로 상관관계는 인과관계가 아니다.

둘째, 내 눈에 확실히 보인다 해도 다른 사람 역시 관찰할 수 없다면 과학적으로 무의미하다.

셋째, 아무리 원하는 결과라도 반복된 관찰을 통해 재현할 수 없다면 무의미하다.

넷째, 오래만 기다린다면 정말 신기한 일들도 우연히 벌어질 확률이 있다.

　다섯째, 복잡한 설명보다 단순한 설명이 더 좋고, 하나만 설명하는 가설보다 최대한 많은 것을 설명할 수 있는 이론을 선호한다.

　여섯째, 나의 생각과 믿음 역시 틀릴 수 있다.

　인문학에 열광하는 학생, 주부, CEO 그리고 국회의원. 냉철한 논리와 과학적 접근이 빠진 인문학은 개개인의 막연한 믿음과 편견을 우아하게 포장해주는 '인문학 코스프레'에 불과하다.

'아이코네스'와 '시뮬라크라'

　영국 수학자이자 철학자였던 앨프리드 노스 화이트헤드는 서양 철학의 역사는 단지 플라톤의 수많은 글에 대한 해석과 각주 들뿐이었다는 주장을 한 것으로 유명하다. 그만큼 플라톤은 이미 2500년 전 철학에 가장 본질적인 질문들을 던졌다는 말일 텐데, 그중 특히 현실과 진실의 차이에 대한 질문은 여전히 혁신적이다.

　사람, 동물, 식물, 정부, 국민. 세상엔 다양한 것이 존재하고, 존재하는 모든 것은 수많은 예제의 합집합들이다. '개'라는 것이 진돗개, 비글, 시츄, 그레이하운드 같은 다양한 종과 생김새를 지닌 개들의 합집합이듯 말이다. 그런데 한 가지 질문이 생긴다. 색깔, 크기, 행

플라톤은 현실은 왜곡이지만 이데아는 참이라고 주장했다

동, 이 모든 것이 너무나도 다를 수 있는 것들을 우리는 어떻게 동일한 것으로 인식하는 것일까? 인간의 뇌는 왜 다수를 하나로 받아들일까?

플라톤의 답은 간단하다. 우리가 보고, 듣고, 느끼는 현실은 사실 보이지도, 들리지도, 느낄 수도 없는 '이데아'라는 완벽한 세상의 그림자일 뿐이라고. 현실은 왜곡이지만, 이데아는 참이라고. 다양한 모양의 개를 뇌가 하나로 인식하는 이유는 모든 개가 사실 이데아 세상에만 존재하는 단 하나의 완벽한 개의 완벽하지 않은 복제들이기 때문이라고.

그렇다면 우리가 살고 있는 현실엔 본질이 다른 두 가지 타입의 복제가 존재한다고 주장할 수 있다. 완벽할 수 없는 현실을 있는 그대로 보여주는 '아이코네스'와 현실을 또다시 왜곡하는 '시뮬라크라'들 말이다. 플라톤은 그렇기에 시뮬라크라들이야말로 존재에 대한 가장 큰 범죄라 생각했다. 이미 왜곡된 현실을 다시 한번 왜곡함으로써 인간을 이데아 세상에서 더 멀어지게 하기 때문이다.

그렇다. 현실은 완벽할 수 없다. 정부도, 국민도, 언론도 영화에서나 볼 수 있는 슈퍼 히어로가 아니다. 완벽함이란 인간의 상상과 비현실적인 기대에서만 존재하기 때문이다. 하지만 우리는 적어도 선장인 척하는 선장, 전문가인 척하는 전문가 시뮬라크라들은 용납해서는 안 된다는 말이다.

플라톤은 시뮬라크라들이야말로
존재에 대한 가장 큰 범죄라 생각했다.
이미 왜곡된 현실을 다시 한번 왜곡함으로써
인간을 이데아 세상에서 더 멀어지게 하기 때문이다.

20

—

제국적 마인드

—

과거를 왜곡하고 국방력을 키워가는 일본, 마치 또다시 냉전시대라도 온 듯 주변국들을 위협하는 러시아, 미국과 맞먹는 인공지능 무인정찰기와 5세대 스텔스 전투기를 개발하며 동시에 북한 미사일 위협에 대응할 고고도미사일방어체계THAAD, 사드를 노골적으로 반대하는 중국. 주변국들의 행동이 빠르게 변하고 있다.

매우 편하고 단순한 설명이 하나 있다. 일본인들은 본질적으로 나쁘다고! '더러운 중국' '무식한 러시아' 역시 믿을 만한 나라가 아니라고! 이렇게 우리는 그냥 우리에게 '편리한' 설명 하나 던지고 아무일 없다는 듯 아무 준비 없이 살아볼 수 있겠다.

물론 단순히 우리에게 쉽고 편하다고 진실일 필요는 없다. 크리스마스에 사주겠다던 자전거, 어느 날 갑자기 아버지가 사줄 수 없다고 한다. 화나고 분한 아이는 쉽게 말할 수 있겠다. 약속도 안 지키는 아빠는 나쁘다고.

하지만 아버지는 얼마 전 직장을 잃었고, 대기업 하도급업체였던 회사는 문을 닫았다. 대기업은 해외 바이어들의 주문 80퍼센트를 잃었고, 빼앗긴 주문량은 중국 경쟁사가 고스란히 가져갔다. 미국과 경쟁할 전략적 산업을 만들기 위해 경쟁사에 천문학적 혜택과 지원을 퍼붓고 있는 중국 정부…… 세상은 언제나 이렇게 인과관계들의 꼬리 물기다.

대한민국에는 제국적 마인드가 절실하다. 약한 나라를 침략하고 약탈하는 로마·영국·일본식 제국주의를 말하는 게 아니다. 나에게 지금 일어나는 사건들을 나, 그리고 나의 감정이라는 우연의 한계를 뛰어넘어 수백만 개의 역사·종교·정치·경제·과학적 변수들을 동시에 고려하고 분석할 수 있는 능력이야말로 진정한 '제국적 마인드'다.

미래의 행복을 위해 현재의 아픔을 컨트롤할 수 있는 냉철함, '내가 만약 북한·일본·중국·러시아라면?' 하고 시뮬레이션할 수 있는 인지적 객관성, 인정하고 싶지 않은 역사적 진실 역시 받아들일 줄 아는 '쿨'한 태도…… 이런 제국적 마인드 없는 대한민국은 앞으로도

세상은 언제나 인과관계들의 꼬리 물기다

계속 국제 사회라는 서치라이트 앞에 눈부셔하며 얼어버리는 나약한 사슴 한 마리에 불과할 것이다.

위버, 공유경제, 그리고 착취

이것을 한번 생각해보자.

"Deutschland, Deutschland Uber Alles(독일, 독일, 모든 것 위에 있는 독일)."

1841년 호프만 폰 팔러슬레벤이 작곡한 독일 국가 1절이다. 물론 가사의 의도는 나쁘지 않았다. 19세기 중반까지 수십 개 소수 왕국들에 흩어져 살던 독일인들이 통일된 독립공화국으로 합쳐져야 한다는 뭐 그런 의미였다. 하지만 제1차·제2차 세계대전을 거쳐 유럽의 악몽으로 변신한 통일독일, 반복된 침략에 시달리던 주변국 국민들에게 독일의 '위버 알레스Uber Alles'는 더이상 자유의 노래도, 독립의 찬양도 아니었다.

'위버'라는 단어가 해외에 알려진 건 철학자 프리드리히 니체 덕분이기도 하다. 허무주의자였던 그는 현재의 인간을 능가하는 '위버멘슈(인간 위의 인간)'를 추구했고, '위버'는 영어권에서 '무엇을 능가하는' '매우' 같은 의미를 갖기 시작한다.

최근 '위버(국내에선 '우버'로 통용)'라는 이름의 택시 서비스가 관심

니체는 현재의 인간을 능가하는
'위버멘슈'를 추구했다

을 끌고 있다. 에어비엔비를 통해 개인이 소유한 집을 빌려 쓸 수 있듯 위버를 통하면 품질 좋고 안전한 개인 소유의 차와 운전자를 택시같이 사용할 수 있다는 '공유경제sharing economy' 사업 모델이다.

공유경제란 무엇인가? 소유 위주가 아닌 자신이 가진 능력과 자원을 필요한 사람과 공유하는 사회가 바람직하다는 주장이다. 그런데 여기서 문제가 생긴다. 내가 공유하려는 서비스가 이미 타인의 직업이라면? 택시 기사들 대부분이 위버를 반대하는 이유다. 더구나 노동조합, 최저임금, 안전 장비, 이 모든 것이 공유경제에서는 무의미하다. 어차피 개인이 책임지고, 개인이 원해서 할 테니 말이다. 본인만 원하면 하루 24시간 일할 수도 있고, 본인만 괜찮다면 무보험으로 손님을 태우거나 숙박시킬 수 있다.

독립과 통일이라는 19세기 독일의 합리적 목표가 전쟁과 침략으로 끝났듯 공유경제 역시 정부가 규제하는 근무시간도, 사회보장도 없는 그냥 힘없는 자들의 노동력을 착취하는 19세기식 사회로 변신하지 않을까 걱정해본다.

지식의 절벽

외국 친구들이 가끔 단도직입적으로 물어본다. 물리학, 수학, 화학…… 그 어느 교과서에 한국 이름이 몇 명이나 등장하냐고?

2500년 동안 서양 학자들이 만들어놓은 것을 한국이 답습하는 거 아니냐고. 아리스토텔레스, 뉴턴, 가우스 다 백인인데, 20세기의 모든 물리학과 기초과학 결과를 미국, 유럽 등 서양이 다 만들었는데 돈은 한국을 비롯한 아시아가 번다고. 불공평하다고.

그들의 주장은 결국 대한민국은 지금까지 글로벌 지식 풀이라는 공용 냉장고에서 마음껏 가져가기만 했다면, 이제 선진국이 되었으니 그 풀에 공헌할 때가 되었다는 것이다. 아니, 더이상 공헌하지 않고 계속 '무임승차'로는 국제 사회에서 살아남지 못할 만큼까지 온 상태라는 말이다. 카이스트에 들어오는 석·박사 과정 학생들에게 다음과 같은 말을 꼭 해준다.

"유치원 때부터 지금까지 여러분들은 정말 수많은 것들을 배우셨습니다. 하지만 미안하게도 여러분들이 직접 만들거나 발견하신 건 아무것도 없었습니다. 지금까지 배운 것은 대부분 수백 년 전에 살았던 백인 남성들이 만들어낸 지식들입니다. 지식의 세상을 하나의 식탁이라고 생각해봅시다. 여러분들은 남들이 다 만들어놓은 단단한 식탁 위에서 생활했던 거지요. 하지만 연구는 다릅니다. 연구란 이 세상 아무도 답을 모르는 지식의 세상에 도착했다는 말입니다. 지금 우리가 서 있는 곳이 바로 지식의 절벽입니다. 여러분의 연구 주제에는 정답이 없습니다. 아무도 모릅니다. 저도 물론 모르고요. 제가 답을 안다면 이 연구를 할 필요가 없겠지요. 여러분들이 밤을 새우고 연구하는 이유는 단 하나입니다. 인류 지식의 식탁을 단 1밀리미터라도 더 넓혀 다음 세대에 물려주어야 하기 때문입니다."

대한민국 과학기술의 수준은 어느 정도일까? '스펙'만 본다면 자랑스러워할 만하다. 우리나라 국가연구비 규모는 이미 세계 6위다. 미국, 일본, 중국, 독일, 프랑스, 한국 순이다. 특히 정부는 기초연구 투자를 국가연구비의 35퍼센트까지 늘렸다. 또 과학자에게도 풀뿌리 연구라고 해서 자유롭게 연구할 수 있는 연구비를 2008년 3600억 원에서 올해 8000억 원 선으로 끌어올려 과학자 세 명 중 한 명 꼴로 혜택을 보고 있다. 하지만 언론에 자주 나오는 '세계 최고' '세계 최초' '명품 연구' 식 자화자찬보다는 우리가 못하고 있는 것에 대한 불편하지만, 솔직한 진단을 하는 게 중요하다.

나는 15년 동안 독일에서 살았고, 그후 15년 정도 미국에서 교수 생활을 했고, 일본에서 연구도 해봤다. 한국에 온 지는 3년 됐는데 새로운 연구가 아니라 점점 남들이 던지는 질문에 답을 찾는 연구를 하게 된다는 느낌이다. 동료 교수님의 말을 빌리자면, 요리를 하는 연구가 아닌 남들이 시작해놓은 연구들을 정리하는 설거지 식 연구를 하는 기분이다. 일부 사람들은 미국도 응용과학 쪽으로 가는데, 우리도 그래야 하는 거 아니냐는 소리를 가끔 듣는다. 그것은 잘못된 생각이다. 지금 치고 나 나가서 미래 기초 과학 결과를 만들어야 한다. 그래야 지금 이익을 못 봐도 50년, 100년 후에 우리 후손들이 문화나 과학적으로 갑이 될 수 있다. 지금은 다 을이다. 우리가 생각하는 모든 과학 언어나 도구가 서양 문화와 생각에서 나왔다.

스티브 잡스가 자기 인생은 여러 점을 선으로 연결했다고 하는데 지금 우리나라 과학기술은 남들이 찍어놓은 점에 선을 긋거나 남들이 그은 선을 다시 한번 그은 것이다. 과학은 새로운 점을 찍는 것이다. 이제 조금씩 '점을 찍어도 될까' '선을 그어도 될까' 하는 수준이다. 우리도 점을 찍을 수 있다. 앞으론 우리가 과학, 기술, 인문적 근본적 질문들을 던지면 답은 유럽과 미국에서 내면 되는 시대를 기대해본다.

나에게 지금 일어나는 사건들을
나, 그리고 나의 감정이라는 우연의 한계를 뛰어넘어
수백만 개 역사·종교·정치·경제·과학적 변수들을
동시에 고려하고 분석할 수 있는 능력이야말로
진정한 '제국적 마인드'다.

배꼽 바라보기

—

'나벨샤우Nabelschau'라는 독일어 단어가 있다. 'Nabel배꼽'과 'Schau바라보다'를 합쳐 만든 단어다. 세상엔 중요한 일들이 벌어지고 있는데, 여전히 자신의 과거와 심적 상처에만 집착하는 비생산적인 태도를 비꼴 때 쓰는 말이다.

단어의 근원은 후기 비잔틴 시대에 있다. '헤시카즘'이라 불리는 그리스정교회 수사들은 일평생을 명상과 침묵으로 보내기로 유명했다. 하지만 후기 비잔틴 시대가 어떤 시기였나? 오스만 터키인들에게 밀려 제국은 몰락하고, 나라는 빈곤과 분열에 시달리고 있지 않았던가? 나라가 망해가고 있는데, 자신의 내면적 세상에만 집착하던 헤시카즘파 신도들을 비난하며 만들어진 단어가 바로 'omphaloskepsis', 그러니까 '배꼽 바라보기'였다.

마음의 상처를 치유하고, 역사의 희생자였던 우리의 과거를 분노하고…… 물론 다 중요하다. 하지만 2015년 대한민국의 현실이 이런 '배꼽만 바라보기'를 허락할까?

우선 우리는 지구 최악의 조건을 가지고 있다. 북한이라는 비정상적인 나라 하나도 감당하지 못하던 판에 초강대국으로 커가는 중국, 거기다 고약한 옛날 버릇을 포기하지 못한 일본까지 이웃으로 두고 있다. 참 운도 없다.

경제도 비슷하다. 선진국 모방만을 통한 성장이 불가능해지는 오늘, 우리 모두 '창조'가 무엇인지 제대로 배워보지도, 실천해보지도 못했다는 사실을 깨닫고 있다. 지구온난화로 수많은 환경 문제가 발생할 것이고, 미래 인공지능에 밀려 사라질 수백만 개의 일자리 역시 우리가 준비해야 할 대한민국의 현실이다.

'배꼽만 바라보기'는 발달심리학적으론 지극히 당연한 현상이다. 아버지가 실업자가 되건 나라가 망하건 다섯 살짜리 어린이에겐 자신의 까진 무릎이 더 중요하다는 말이다. 어른이 된다는 말은 결코 과거의 아픔과 상처를 잊으라는 의미가 아니다. 아픔과 상처를 누구보다 더 잘 기억하지만, 같은 상처를 또 한번 받지 않기 위해서는 감정보단

이성, 분노보단 차분함, 과거보단 미래가 더 중요하다는 말이다.

이제 대한민국도 슬슬 어른이 돼야 할 때다.

Brain Science Adventures
in Wonderland

이상한 나라의 뇌과학

ⓒ 김대식

1판 1쇄 2015년 6월 18일
1판 7쇄 2021년 5월 25일

지은이 김대식

기획·책임편집 고아라 ┃ 편집 임혜지 ┃ 모니터링 이희연
디자인 김마리 ┃ 마케팅 정민호 양서연 박지영 안남영
홍보 김희숙 김상만 함유지 김현지 이소정 이미희 박지원
제작 강신은 김동욱 임현식 ┃ 제작처 한영문화사

펴낸곳 (주)문학동네 ┃ 펴낸이 염현숙
출판등록 1993년 10월 22일 제406-2003-000045호
주소 10881 경기도 파주시 회동길 210
전자우편 editor@munhak.com ┃ 대표전화 031)955-8888 ┃ 팩스 031)955-8855
문의전화 031)955-2655(마케팅) 031)955-2672(편집)
문학동네카페 http://cafe.naver.com/mhdn ┃ 트위터 @munhakdongne

ISBN 978-89-546-3666-7 03300

www.munhak.com